I0165006

Introducción cristiana

a las religiones del mundo

Johannes G. Vos

Ediciones Crecimiento Cristiano

© 1994 **Ediciones Crecimiento Cristiano**
Título: Una introducción cristiana a las religiones del mundo
Autor: Johannes G. Vos
Primera edición: 1994
Edición actualizada: 2008
ISBN 950-9596-57-4
Originally published by Baker Book House as
A Christian Introduction to Religions of the World
by Johannes G. Vos
Translated by permission of Baker Book House, Grand Rapids, Michigan, U.S.A.
© 1965 by Baker Book House
© 1993 *Ediciones Crecimiento Cristiano*
Clasificación: Religión; guía de estudio
Queda hecho el depósito que marca la ley 11.723.
Está prohibida la reproducción total o parcial de este cuaderno sin previa autorizacion escrita de los editores.

Impreso en los talleres de
Ediciones Crecimiento Cristiano
Casilla 3
Córdoba 419
5903 Villa Nueva, Cba.
Argentina

oficina@edicionescc.com
www.edicionescc.com

IMPRESO EN ARGENTINA
VD4

Cómo utilizar este cuaderno

Este cuaderno es una guía de estudio, es decir, su propósito es guiarle a usted para que haga su propio estudio del tema o libro de la Biblia que desarrolla este material.

El cuaderno propone un diálogo. En él introducimos el tema, sugerimos cómo proceder con la investigación, comentamos, pero también preguntamos. Los espacios después de las preguntas son para que usted anote sus respuestas.

Esperamos que, por medio del diálogo, le ayudemos a forjar su propia comprensión del tema. No de segunda mano, como cuando se escucha un sermón, sino como fruto de su propia lectura e investigación.

¿Cómo hacer el estudio?

1 - Antes de comenzar, ore. Pida ayuda a Dios para que le hable y le dé comprensión durante su estudio.

2 - Se deben leer los pasajes bíblicos más de una vez y preguntarse: ¿Qué dice el autor? Aunque muchos utilizan la versión Reina-Valera de la Biblia, conviene tener otra versión o versiones disponibles para comparar los pasajes entre ellas. La "Versión Popular" y la "Nueva Versión Internacional" le pueden ayudar a ver el pasaje con más claridad.

3 - Siga con la lectura de la lección. Responda lo mejor que pueda a las preguntas.

4 - Evite la tendencia de "apurarse para terminar". Es mejor avanzar lentamente, pensando, preguntando, aclarando.

En grupo

El estudio personal es de mucho valor, pero se multiplican los beneficios si lo acompaña con el estudio en grupo. Un grupo de hasta 8 personas es lo ideal. Pero, puede ser que por diferentes motivos el grupo esté formado por usted y una persona más; aun así, es mejor que estudiar solo.

En realidad, estos cuadernos han sido diseñados con ese motivo: estimular el estudio en células, en grupos pequeños.

La manera de hacerlo es fácil:

1 – Haga usted en forma personal una de las lecciones del cuaderno. Aun cuando pueda haber cosas que no entienda bien, haga el mayor esfuerzo posible para completar la lección.

2 - Luego se reúnese con su grupo. En el grupo compartan entre todos las respuestas a cada pregunta. Puede ser que no tengan las mismas respuestas, pero, comparando entre todos, las van aclarando y corrigiendo.

Es durante este compartir semanal de una hora y media, este diálogo entre todos, donde se encuentra la verdadera riqueza que nos provee esta forma de estudio.

3 - Evite salirse del tema. El tiempo es oro, y lo más importante es enfocar todo el esfuerzo del grupo en el tema de la lección. Luego, pueden dedicar tiempo para conocerse más y tener un rato social.

4 - Participe. Todos deben participar. La riqueza del trabajo en grupo es justamente eso.

5 - Escuche. Hay una tendencia de apurar nuestras propias opiniones sin permitir que el otro termine. Vamos a aprender de cada uno, aun de los que, según nuestra opinión, estén equivocados.

6 - No domine la discusión. Puede ser que usted tenga todas las respuestas correctas, sin embargo es importante dar lugar a todos, y estimular a los tímidos a participar. No se trata de sobresalir, sino de compartir aprendiendo juntos.

Si en el grupo no hay una persona con experiencia en coordinarlo, se puede encontrar ayuda para dirigir un grupo en:

1 - Nuestra página web, www.edicionescc.com. La sección "Capacitación" ofrece una explicación breve del método de estudio.

2 - En las últimas páginas de nuestro catálogo ofrecemos también una orientación.

3 - El cuaderno titulado "Células y otros grupos pequeños" es un curso de capacitación para los que desean aprender cómo coordinar un grupo.

4 - Hay algunas guías que disponen de un cuaderno de sugerencias para el coordinador del grupo.

Finalmente diremos que las guías no contienen respuestas a las preguntas, ya que el cuaderno es exactamente eso, una guía, una ayuda para estimular su propio pensamiento, no un comentario ni un sermón. Le marcamos el camino, pero usted lo tiene que seguir.

Que el Señor lo acompañe en esta tarea y, si necesita ayuda, comuníquese con nosotros. Estamos para servirle.

Prefacio

Esta serie de estudios propone tratar, desde la perspectiva específica del cristiano:

- el origen, la naturaleza y el desarrollo de la religión,
- el acercamiento misionero a las personas de las religiones no cristianas,
- las características principales de algunas de las principales religiones del mundo.

La serie intentará destacar la diferencia entre el concepto "moderno" de la religión, y la fe bíblica. La descripción de algunas de las religiones no cristianas tiene el propósito de dar al estudiante una comprensión más amplia de los problemas y obstáculos que enfrenta la tarea misionera en el mundo. Un interés inteligente en las misiones obliga, a la vez, una comprensión de los sistemas mundiales de religiones no cristianos, donde la iglesia busca ganar discípulos para Jesucristo.

Johannes G. Vos

Contenido

1   La religión como una realidad en la vida humana   7
2   El origen de la religión según la Biblia   14
3   Los elementos buenos de las religiones falsas   21
4   El Hinduismo, la religión principal de la India   31
5   El Budismo, la búsqueda para escapar la miseria   39
6   El Confusionismo, la fe china en el hombre   47
7   Sinto, la deificación del Japón   55
8   Islam, el monoteísmo militante de Arabia   63
9   El Judaísmo, el Antiguo Testamento
    sin la sangre que justifica   71
10 ¿La religión o el Cristianismo?   78

1

La religión como una realidad en la vida humana

¿Qué es la religión?

Todo el mundo tiene alguna idea de qué es la religión, sin embargo, es uno de los conceptos más difíciles de definir. A continuación ofrezco varias posibles definiciones.

Una sería: "La religión es la búsqueda de los valores de la vida ideal."

Otra es: "La religión es el reconocimiento de parte de la humanidad de la existencia de un poder sobrehumano que controla todo, y a quien debemos obediencia, reverencia y adoración."

Obviamente, es sumamente difícil definir a la religión. Si hacemos una definición en base a lo que *nosotros* creemos es la religión, será demasiada limitada.

Según la historia, en su comienzo el Budismo era ateísmo puro. Sin embargo, no cabe duda que era una religión. El Confusionismo en su forma pura es apenas agnóstica en cuanto a la existencia de Dios. Sin embargo, normalmente lo consideramos una religión.

Debemos tomar en cuenta también que a veces la palabra "religión" se usa con un significado objetivo, y otras con un significado subjetivo. Cuando decimos que "El Islam es una religión monoteísta", estamos empleando la palabra "religión" en su sentido objetivo. En esta frase "religión" significa una realidad objetiva, tal como cuando decimos "Asia es el continente más grande", el nombre "continente" significa una realidad objetiva.

Pero también cuando decimos "La Religión es una característica de la humanidad en todas partes", estamos empleando la palabra "religión" en su sentido subjetivo. En esta frase "religión" es algo relacionado con la personalidad humana. En este sentido subjetivo, la religión no es un complejo de doctrinas, cultos, organizaciones, leyes, templos, sacrificios y cosas por el estilo, sino una realidad de la conciencia humana. Tal vez una manera de distinguir entre el significado subjetivo y objetivo de la religión, es decir que en el sentido subjetivo, hablamos de *la religión*, mientras en el sentido objetivo hablamos de *las religiones*, o de alguna *re-*

ligión en particular (como el Budismo o Islam).

Otra posible definición de religión es: "La religión es la respuesta del hombre a lo que siente es el significado último de la vida".

¿Pero qué de los que dicen "Vamos a comer, beber y hacer fiesta, porque mañana moriremos"? ¿Es esta actitud su religión? ¿Refleja su conducta lo que ellos creen es el significado último de la vida?

Por supuesto, una definición correcta de la *verdadera* religión tendría que ser más limitada. Sería necesario definir la verdadera religión como *la respuesta correcta del hombre a la revelación del Dios verdadero.* Pero cuando buscamos una definición general de la religión, no podemos limitarnos a la *verdadera* religión; estamos examinando la religión como tal, la religión como una realidad de la vida humana, sin tomar en cuenta los aspectos (por lo menos por ahora) de verdad o valor.

La universalidad de la religión

Se ha dicho que el hombre es "un animal religioso". Otra frase que se escucha a veces es que "la humanidad es incurablemente religiosa". Es un hecho de que la religión en alguna forma u otra es universal en la raza humana.

A veces se ha dicho que el hombre de la edad paleolítica (hombre de la edad de piedra) no era religioso. Pero ésta no es una verdad probada, sino una especulación. Por el hecho de que los antropólogos no han encontrado evidencia indicando que el hombre paleolítico tenía alguna religión, algunos llegan a la conclusión que no era religioso. La realidad es que sabemos muy poco del hombre paleolítico, y un argumento basado en la falta de evidencia es peligroso. Uno puede decir que "No hay zorros en la provincia de Méndez. Yo sé que es verdad, porque he vivido un año en la provincia y no he visto ningún zorro." El error de tal frase es obvio.

La realidad es que la religión no solamente es universal en la raza humana, sino también persistente. Como ha demostrado la historia, cuarenta años de propaganda ateísta y anti-religiosa en la Unión Soviética no tuvo éxito en eliminar la religión de su pueblo.

Misioneros y antropólogos nos informan que la religión, en alguna forma, es universal en el hombre actualmente (a pesar de lo que algunos dicen del hombre paleolítico). Dicen que el filósofo David Hume, aunque él mismo era escéptico, dijo en una ocasión: "Tenga cuidado del pueblo que no tiene ninguna religión, y si por alguna suerte lo encuentra, le aseguro que son solamente un poquito mejor que los animales". Pero ni Hume dijo que sería posible encontrar un pueblo sin ninguna religión.

El origen de la religión

Se puede dividir las opiniones en cuanto al origen de la religión en dos grupos: (1) los conceptos naturalistas, y (2) el concepto bíblico.

Los conceptos naturalistas del origen de la religión, son una consecuencia de la aplicación de la teoría de evolución a la misma. Afirman que no solamente el organismo físico y la mente del hombre son productos del desarrollo evolucionalista, sin que la religión también se ha desarrollado lentamente por el proceso evolucionario, desde orígenes muy primitivos hasta las grandes religiones monoteístas actuales (Judaísmo, Cristianismo, Islam).

Los que afirman esta posición no están de acuerdo en cuanto a los detalles de este proceso, pero sí aceptan la idea central de que la religión humana se desarrolló por medio de un proceso natural. Piensan que se puede aplicar esta idea de la religión tanto a su naturaleza subjetiva (es decir, a la naturaleza religiosa del hombre) como a su naturaleza objetiva (las diferentes religiones y sistemas religiosos).

Entre los que proponen la teoría evolucionaria del desarrollo de la religión, hay varias opiniones en cuanto a su origen. Algunos toman la posición de que la religión comenzó como la forma en que los caciques o jefes podían mantener a su pueblo en sumisión. Esta versión está muy relacionada con la afirmación comunista de que la religión es "el opio del pueblo", es decir, que la religión es un sistema que la clase social dominante inventó y promovió para mantener quietos, satisfechos y obedientes a la masa de pueblo. Pero es una teoría muy irreal, porque toma por sentado que los pueblos habían organizado gobiernos antes de que tenían religión, algo que es muy dudoso.

Otra opinión es que la religión tiene sus orígenes en el culto a fetiches. Es decir, la adoración a objetos inanimados —un pedazo de hueso, la garra de un pájaro, una piedra— que fueron considerados sagrados y con poderes especiales. Por supuesto, esta teoría no explica el *origen* de la religión; simplemente afirma que las religiones más desarrolladas nacieron de algo menos desarrollado. El tema de dónde nació el culto a los fetiches queda pendiente.

También algunos afirman que la religión tiene sus orígenes en el culto a los espíritus, o a los antepasados. Piensan que los hombres lentamente llegaron a la conclusión de que los espíritus de los muertos tienen una influencia en la vida humana y deben ser temidos o aplacados. Todavía otra idea asigna el origen de la religión a una forma primitiva de la adoración a la naturaleza. Como hemos de ver cuando pensamos en el planteo bíblico, esta última está más cerca a la verdad que las otras teorías. Sin embargo, no es toda la verdad.

Ninguna de estas teorías evolucionarias explican el verdadero *origen* de la religión. Evolución significa el desarrollo de algo que ya existe, a algo nuevo. Forzádamente tiene que comenzar con algo que existe. Por esta razón, la evolución no puede explicar el *origen* de nada. Una teoría que describe cómo se desarrollan las cosas no puede explicar la manera en que comenzaron a existir.

Los antropólogos evolucionarios tratan de resolver este problema apelando a períodos inmensos de tiempo. Cuando preguntamos cómo la religión puede desarrollarse de una condición no religiosa, responden que es el resultado de un desarrollo muy gradual durante muchísimo t iempo. Pero el paso de tiempo no explica nada. El paso del tiempo no es la causa de nada. Lo que hace falta para resolver el problema no son eternidades de tiempo, sino *una causa adecuada* para el origen de la religión. Como alguien dijo: "Toda la eternidad no es suficiente tiempo para completar algo que todavía no ha comenzado."

Todas las teorías evolucionarias acerca del origen de la religión toman por sentado de que el hombre (o el antepasado pre-humano del hombre) alguna vez era no religioso, y lentamente llegó a ser religioso. Pero obviamente esta clase de pensamiento se basa en presunciones. Nunca han descubierto ese hombre "no religioso", y tampoco han probado su existencia, ni en el pasado, ni en la actualidad.

Tales antropólogos evolucionarios suponen que la teoría de evolución es un hecho fijo y probado, y luego proceden a bosquejar una historia del desarrollo de la religión en base a esa teoría. Pero es una metodología no científica, porque se acerca a la existencia actual de la religión humana con una teoría ya hecha, y procede a imponer esa teoría sobre los hechos.

Discusión

1   ¿Por qué es tan difícil definir "la religión"?

2 ¿Cuál de las definiciones ofrecidas le parece más correcta? ¿Por qué?

3 Dé su propia definición de "la religión".

4 La religión "exterior, objetiva" de casi toda la América Latina es el Catolicismo. Pero ¿cómo describe usted la religión *subjetiva* de la mayoría de la gente de su pueblo?

5 Si es cierto que no existen pueblos realmente no religiosos, ¿le parece posible que una *persona* realmente lo sea? Explique por qué.

6 Aunque el tema de la "religión verdadera" se trata en un capítulo próximo, ¿cuál será la diferencia clave entre la "religión" en su sentido general, y la religión "verdadera", en base a lo que hemos visto hasta ahora?

Hemos visto varias teorías acerca del origen de la religión, afirmadas por sociólogos y antropólogos.

7 Si tuviera que elegir una, como la más racional, ¿cuál sería? ¿Por qué?

8 Sin embargo, hemos sostenido que ninguna de estas teorías puede explicar el *origen* de la religión. ¿Por qué?

9 ¿Por qué podemos decir que los que proponen un origen evolucionario de la religión, actúan de una manera no científica?

2

El concepto bíblico del origen de la religión.

La Biblia enseña que el hombre fue creado un ser religioso, y que la religión original de la raza humana era el monoteísmo. Antes de su caída en el pecado, el hombre gozaba la comunión con Dios y mantenía una relación constante con él.

El trasfondo de la religión original del hombre es la revelación de Dios de sí mismo en la naturaleza. Esto incluye (1) la naturaleza fuera de la personalidad humana, lo que normalmente llamamos "el mundo natural", y (2) la naturaleza dentro de la personalidad humana, lo que normalmente llamamos la "naturaleza humana".

El mundo externo era un testimonio para Adán y Eva de la existencia y poder del verdadero Dios, y se confirmó ese testimonio externo con el testimonio de sus propios corazones. La revelación de Dios se escribió en la personalidad humana. El hombre encontró dentro de sí un testimonio de la existencia del Dios verdadero. El hombre por instinto creía en el Dios verdadero.

Sin embargo, esta revelación natural de Dios no era suficiente para que el hombre alcanzara la plena comunión con Dios. El hombre no podía llegar a su destino religioso pleno, según el propósito de su creación, en base a la revelación natural sola. La revelación natural —tanto fuera como dentro de la personalidad del hombre— era buena y un testimonio fiel del Dios verdadero. Pero no era suficiente para el destino religioso pleno del hombre.

Por esta razón Dios tomó la iniciativa y agregó la revelación "especial" o *sobrenatural*. Dios habló al hombre, no solamente por su voz en la naturaleza, sino por la voz más clara de su Palabra. (Cuando decimos "Palabra", no queremos decir *Escrituras*, por lo menos en esta primera etapa de la historia humana, sino simplemente un mensaje especial de Dios al hombre, *distinto a su testimonio en la naturaleza*.)

La distancia entre Dios y el hombre es tan grande —Dios es infinito, y el hombre finito— que para establecer la comunión religiosa profunda era necesario que Dios tomara la iniciativa, como un *acto de misericordia*. El hombre no podía hacer una escalera que llegara a Dios, pero Dios podía bajar al nivel del hombre, y lo hizo. Este acto de misericordia de parte de Dios se llama, en la teología, un *pacto*. Es el acto de Dios por el cual el hombre llega a tener una comunión religiosa con su Creador.

Estamos pensando en el primer período, antes de que el hombre cayera en el pecado. Dios se reveló al hombre, y lo puso en una relación de pacto con sí mismo. Este pacto era una prohibición, o prueba de la disposición del hombre para obedecer a Dios. Lo vemos en Génesis capítulos 2 y 3.

Dios trató al hombre de una manera muy simple, enseñándole por medio de las cosas tangibles. La escena era el jardín de Edén. Había cuatro principios fundamentales, simbolizados de una manera en que el hombre podía comprender. El símbolo del *principio de la vida* era el árbol de la vida. El símbolo del *principio de probación* era el árbol del conocimiento del bien y del mal. El *principio de la tentación* tuvo como símbolo el serpiente. Y el *principio de la muerte* se veía en el regreso del cuerpo humano a la tierra.

Si el hombre hubiera obedecido a Dios, el resultado de la prueba sería la confirmación de la raza en rectitud moral y felicidad; el pecado y la muerte serían imposibles. Toda la historia del ser humano hubiera sido radicalmente diferente de lo que actualmente es.

La religión después de la caída en pecado

Es necesario darnos cuenta que el hombre nunca estuvo sin una revelación *sobrenatural* de parte de Dios. Aun antes de que el hombre pecara, el testimonio de Dios en la naturaleza nunca era suficiente para las necesidades religiosas del hombre. La revelación en la naturaleza (incluyendo la naturaleza humana) era solamente el trasfondo para la revelación de Dios en su Palabra.

Pero el hombre cayó en el pecado, y con esto su religión cambió drásticamente. Antes de la caída existía solamente la *verdadera* religión; después, se dividió en dos, la verdadera y la falsa. La verdadera religión después de la caída llega a ser *redentora*, es decir, llega a ser principalmente un tema de la redención del pecado. El programa divino de la redención, primeramente fue anunciado a la humanidad en Génesis 3:15, con la promesa de que iba a ser una semilla de la mujer que finalmente destruiría la serpiente. Este programa tomó la forma de un desarrollo histórico progresivo.

En el principio, Dios permitió al pecado desarrollarse casi sin impedimento, para demostrar, una vez para siempre, lo que el pecado realmente es y lo que hace. Esa era la característica del período desde la Caída hasta el Diluvio.

Con el llamado a Abraham, la implementación del plan de redención comenzó a progresar más rápidamente. El período desde Abraham a Cristo era un período de preparación para la venida de Cristo y su obra redentora. El período desde Cristo hasta el fin del mundo es el período de la aplicación de la redención al mundo y sus poblaciones. En *esencia*, esta religión redentora era la misma en el Antiguo como en el Nuevo testamento, aunque en sus formas externas, era diferente. En el Antiguo Testamento era la religión de Israel; en el Nuevo Testamento es el Cristianismo.

Primero, veamos cómo la Biblia nos explica el nacimiento y desarrollo de la religión *falsa*. La enseñanza bíblica más completa sobre este tema se encuentra en Romanos 1:18-32 y 2:14-16. En esta sección de la carta de Pablo a los romanos, tenemos un cuadro terrible de la pecaminosidad del hombre. Primeramente, Pablo nos afirma la actitud de Dios hacia el pecado del hombre: "Pues vemos que el terrible castigo de Dios viene del cielo sobre toda la gente mala e injusta, que con su maldad impide que se conozca la verdad" (Ro 1:18). La palabra griega que aquí se traduce "impide" (katekonton) significa oprimir, privar o impedir. La implicación es que el hombre es culpable de impedir la verdad de Dios.

Pablo sigue con una discusión de los efectos del pecado en la raza humana. Habla primeramente de los efectos *religiosos* del pecado, y luego de los efectos *morales*. El pecado humano da como resultado una vida inicua y una conducta mala. Finalmente, la vida inicua termina con el juicio divino de la muerte.

La revelación de Dios en el libro de la naturaleza llegó a ser distorsionada terriblemente por la humanidad. En vez de guiar a los hombres a temer y adorar a Dios, a glorificar a Dios y darle gracias, llegó a ser torcida y distorsionada, y como resultado, nacieron las *religiones falsas del mundo*. En Romanos 1:21-23 Pablo nos habla del origen verdadero de los sistemas falsos de religión del mundo. Tienen su origen en la perversión de la revelación de Dios en el libro de la naturaleza. La revelación de Dios en la naturaleza era clara, pero algo había pasado con la naturaleza de la humanidad, que afectó la visión espiritual del hombre. Según las palabras de Pablo, "...han terminado pensando puras tonterías, y su necia mente se ha quedado a oscuras. Dicen que son sabios, pero son tontos..."

Si miramos por lentes de vidrio rojo, todo lo que vemos será rojo; si miramos por lentes de vidrio azul, todo lo que vemos será azul. La revelación de Dios en el libro de la naturaleza es en sí misma clara y obvia, pero la humanidad había caído en el pecado, y desde ese momento, miró al libro de la naturaleza como si fuera por lentes de color. Lo que el hombre vio era distorsionado y mal interpretado.

La caída en el pecado no solamente afectó el sentido moral del hombre, con el resultado que era malo; también afectó a su mente, con el resultado que era tonto. La caída afectó la capacidad del hombre de interpretar correctamente la revelación de Dios en la naturaleza. No podía ni ver correctamente ni pensar correctamente en cuanto a la religión. Miró a su corazón, y luego miró al mundo de la naturaleza, y llegó a ser idólatra. Mirando al sol, llegó a adorar al sol. Mirando a la luna, llegó a adorar a la luna. Mirando a las estrellas, comenzó a adorar a ellas en vez de a su Creador. Adoró al cielo, en vez de adorar al Dios que creó al cielo.

Mirándose a sí mismo de nuevo, llegó a adorar al hombre. Había "cambiado la gloria del Dios inmortal por imágenes del hombre mortal" (Ro 1:23). El hombre fue creado en la imagen de Dios, pero después de la caída, buscó hacer las cosas al revés, y comenzó a hacerse dioses en la imagen del hombre. Los antiguos mitos de Grecia y otros países nos demuestran qué clase de dioses inventó el hombre. Esos dioses reflejaron la corrupción moral del corazón humano; eran una copia fiel del carácter de sus creadores. Los dioses y diosas griegas se involucraron en todas las maldades o crímenes posibles. La gente decente de Grecia tenía vergüenza de algunos de los cuentos antiguos acerca de los dioses.

La idolatría —es decir, adorar a falsos dioses y imágenes— es la práctica más degradante de la raza humana. La Biblia dice, acerca de la adoración a ídolos: "Iguales a esos ídolos son quienes los fabrican y quienes en ellos creen" (Salmo 115:8). La idolatría arrastra al hombre hacia abajo, hasta que llega a ser esclavo de la falsedad, la superstición y el miedo. Algunas personas piensan que las religiones paganas, con sus costumbres interesantes y sus extraños templos y ritos, son pintorescas y románticas. Pero deben ver a esas religiones más de cerca, y así seguramente cambiarían de opinión a la luz de sus resultados.

Pero las religiones falsas no se limitan a las religiones antiguas del mundo. Un ejemplo clásico de una religión falsa hoy en día es el *comunismo*. Porque el comunismo, a pesar de su pretensión de ser ateísta y su represión de toda religión, en realidad es también una religión, porque exige una devoción absoluta y suprema de parte de sus seguidores. Multitudes han mostrado su disposición de hasta morir por el comunismo. Una fe que puede generar tanta lealtad y tantos sacrificios, ciertamente es una religión.

Otra religión falsa de la actualidad es el *humanismo*, que es la religión de la fe en el hombre, o como alguien dijo alguna vez, es la *fe en la fe*.

Existe en varias formas, pero el hombre es siempre el objeto de devoción, lealtad y esperanza, y no Dios.

1 Hemos distinguido entre dos revelaciones de Dios al hombre, una "exterior" y otra "interior". ¿Por qué la revelación "exterior" no es suficiente para llevarnos a una relación correcta con Dios? Ver también Ro 1:19, 20.

2 ¿Por qué la revelación "interior" tampoco es suficiente? Ver también Ec 3:11.

Nosotros sabemos que hace falta una tercera revelación, la Palabra de Dios.

3 Explique la siguiente oración: "Las Escrituras contienen la Palabra de Dios, pero la Palabra de Dios es mucho más que las Escrituras".

4 El primer "pacto" con el hombre contuvo una promesa y una advertencia. (Ver Génesis 2:16 y 17.) ¿Por qué era necesario hacer ese pacto? ¿No habrá sido mucho más fácil levantar una barrera alrededor del árbol "peligroso"? Explique.

5 ¿Cuál habría sido el resultado si el hombre hubiera obedecido perfectamente a Dios?

6 Una consecuencia de la caida del hombre era la existencia de dos clases de religión, la "verdadera" y la "falsa". ¿Por qué era inevitable la formacion de la religión "falsa"?

7 ¿De qué manera las religiones falsas demuestran la distorsión *intelectual* del hombre a causa de la caida?

8 ¿De qué manera las religiones falsas demuestran la distorsión *moral* del hombre después de la caida?

9 ¿Está de acuerdo de que movimientos como el comunismo o el humanismo son *religiones* falsas? Explique.

3

Los buenos elementos de las religiones falsas

Obviamente, ninguna religión es totalmente falsa. Toda religión tiene algunos elementos de la verdad, aunque como sistemas, son falsos. ¿Cómo explicamos esto?

Según la teoría evolucionaria de la religión, la diferencias entre las religiones son meramente relativas. Podemos considerar a algunas religiones como mejores que otras, pero según dicen, no hay una diferencia absoluta o de esencia entre ellas. Esta posición, por supuesto, obedece al concepto de que las religiones se desarrollaron desde la más primitiva hasta la más avanzada. Según esta posición, todas las religiones son una mezcla de lo bueno y de lo malo, solamente las porciones difieren en cada religión.

Si no aceptamos la teoría revolucionaria, debemos buscar otra explicación para los buenos aspectos de las falsas religiones. La explicación cristiana es que estos factores buenos son el producto de la *gracia común* de Dios. El término "gracia común" quiere decir la gracia de Dios para toda la humanidad, aparte de su salvación en el sentido cristiano. Esta "gracia común" no salva, pero sí tiene una influencia para el bien al nivel humano, y tiende a refrenar al pecado y la maldad. Es esta la influencia que produce los aspectos buenos en las varias religiones falsas del mundo.

Sin embargo, el bien en los sistemas falsos de religión es solamente un bien *relativo*. No es el bien en el sentido más profundo. El Budismo y el Cristianismo, por ejemplo, enseñan que es malo robar. En cuanto a la afirmación formal que el robar es malo, el Budismo y el Cristianismo son idénticos. Pero si vamos un paso más y preguntamos *por qué* es malo robar, encontramos una diferencia importante. El Cristianismo enseña que el robar es malo porque va en contra la voluntad de Dios; el Budismo no tiene tal concepto.

De nuevo, tanto el Budismo como el Cristianismo enseñan que es un deber aliviar las necesidades de los pobres con limosnas o caridad. En este sentido, los dos son idénticos. Pero cuando preguntamos *por qué* es un deber, de nuevo nos enfrentamos con diferencias. El Cristiano, el que comprende su fe, da como una expresión de su amor hacia Dios. Es una manera de expresar su gratitud por la gracia y salvación que ha recibido de él. Pero el Budista no tiene tal motivo. Su motivación es puramente egoísta: ganar para sí alguna cantidad de mérito espiritual, o "créditos", para sí mismo. Su motivación no es compasión por los pobres, ni su amor hacia Dios, sino un deseo de ganar algún beneficio personal.

Para que algo sea bueno en el sentido más profundo, según la enseñanza cristiana, tres cosas con necesarias:

1) Debe ser algo requerido por la voluntad de Dios;
2) debe ser algo hecho por el motivo de amor hacia Dios;
3) debe ser hecho por fe.

Cuando medimos los aspectos parecidos entre el Cristianismo y las otras religiones con esta regla, vemos que son aparentes, mientras que en su contenido más profundo y esencial, hay diferencias absolutas.

Estamos hablando de los elementos de bien en las religiones falsas, no los elementos de bien en las vidas de sus seguidores. No hay ninguna duda de que una persona puede ser mejor que la fe que profesa, tal como puede ser peor. Algunos que profesan el Cristianismo hacen muy mala publicidad por nuestra fe. Pero a la vez, algunos que profesan una religión que pensamos falsa, pueden demostrar en sus vidas muchas características buenas y hasta nobles.

Por ejemplo, un hombre que no conoce ni ama al Dios verdadero puede sacrificar su vida para salvar a otra persona de ahogarse o de quemarse en un edificio en llamas. Sin ninguna duda esta acción es "buena", en contraste con la acción opuesta, es decir, permitir que su vecino se ahogue o quemarse vivo sin hacer ningún esfuerzo para salvarlo.

Pero cuando calificamos tales acciones como "buenas", debemos recordar que no es la bondad en su sentido pleno. Tales acciones, y las actitudes que las motivan, son buenas en un sentido relativo y limitado. Mientras tomamos en cuenta solamente la dimensión "horizontal" de la vida —nuestras relaciones dentro de la sociedad humana— tales acciones están en la categoría de "buenas". Pero cuanto tomamos en cuenta la dimensión "vertical" de la vida, e incluímos también nuestra relación con Dios y la obligación hacia él, podemos decir que cualquier acción o actitud que lo deja a un lado, y que no se hace con un motivo de amor hacia él, no es realmente buena en el sentido más profundo.

Al pensar en los diferentes sistemas religiosos, debemos evitar dos extremos. Debemos evitar el extremo de decir que todos son buenos y que sus diferencias con el Cristianismo son solamente superficiales; y debemos evitar el extremo de decir que son todos malos y no tienen nada de lo que podemos llamar "bueno". Ambos extremos son erróneos. Debemos mantener una actitud equilibrada y justa hacia los variados sistemas religiosos.

Cuando decimos que los aspectos buenos de una religión falsa son "buenos" solamente en un sentido relativo y limitado, no queremos menospreciar la sinceridad de sus seguidores. Podemos respetar a esas personas, aun cuando nos sentimos obligados a renunciar a sus creencias falsas. Es posible que esas personas sean no solamente sinceras en la profesión de su religión, sino que también sus vidas muestren más calidades que la religión que profesan. Pero tenemos que recordar que esto no resulta en la salvación en el sentido cristiano.

Cómo enfrentar a personas de las religiones no cristianas

El Cristianismo es una religión misionera. No puede quedarse satisfecho con extenderse entre sus propios fieles, sino que necesariamente busca a ganar a todo el mundo para su fe. Esta meta misionera se basa en la "gran comisión" de Cristo de ir a todo el mundo y hacer discípulos de todas las naciones (Mateo 28:18-20). ¿Cuál, entonces, debe ser la actitud del cristiano frente las religiones no cristianas? Siempre han existido opiniones diferentes sobre esta cuestión.

Un extremo común es tomar a todas las religiones no cristianas como obras del diablo y condenarlas absolutamente y sin excepciones. Es una actitud de condenación completa, junto con un llamado a rechazar a toda fe no cristiana. Sin embargo, en su forma extrema, esta actitud erra en no reconocer que hay elementos de bien en esas religiones. Por un lado, es cierto que el llamado de separación de las religiones falsas es bíblico, y las Escrituras enseñan el carácter demoníaco de las religiones paganas (1 Co 10:20, 21; 2 Co 6:14-18). Pero por otro lado, también es cierto que existen elementos limitados de bien relativo en estas religiones. Aunque es cierto que son demoníacas por naturaleza, también es cierto (y bíblico) que son el resultado de la interpretación distorcionada del hombre de la revelación de Dios en la naturaleza. Aunque son obra del diablo, no son *simplemente* obra del diablo, sino también en parte son productos de la gracia común de Dios, y en parte productos del abuso del hombre pecaminoso de la revelación de Dios en la naturaleza. La verdadera erudición y el pensamiento sólido debe siempre guardarse de las respuestas demasiadas simples para preguntas difíciles, y de soluciones demasiadas fáciles para problemas complejos.

Otra actitud es la de "cooperación". Los de esta posición ven a la relación entre el Cristianismo y las religiones no cristianas como una actitud de competición o antagonismo, sino una de ayuda mutua. Los misioneros y las iglesias cristianas deben cooperar con las fuerzas de las creencias no cristianas en un esfuerzo para mejorar al mundo.

Esta posición es especialmente común en las iglesias relacionadas con el Concilio Mundial de Iglesias. Según ellos, no debemos buscar convertir a personas de otras religiones a nuestra fe, sino mejor, hemos de ver a ellos como nuestros aliados en la búsqueda a Dios y contra las fuerzas del secularismo.

En la práctica, este énfasis tiene su enfoque en los aspectos humanitarios de la obra misionera —tales como la medicina, agricultura, obra social— y da menos importancia a la evangelización. La meta no sería ganar convertidos, sino apoyar a las personas de otras religiones, y en un sentido, promover a "la religión" y no tanto a la fe cristiana.

Esta posición no es tan popular actualmente como hace 50 años. Es evidente que los que propusieron esta actitud no venían de la fe bíblica ortodoxa, sino de una forma de liberalismo que veía a todas las religiones como esencialmente buenas y igualmente válidas.

Una tercera posición es lo que podemos describir como la de "mesa redonda". La idea es que toda religión puede ofrecer algo para la vida religiosa del hombre. Obviamente, el Cristianismo puede ofrecer más que las otras, pero todos pueden contribuir algo. La meta misionera, entonces, no es buscar convertidos, sino ayudar a las personas no cristianas a ver que el Cristianismo tiene aspectos positivos que a ellos les conviene aceptar, aunque no lleguen al punto de bautizarse.

Gandhi de la India es un buen ejemplo de un no cristiano que admiró a Jesucristo y aceptó ciertos aspectos y valores del Cristianismo. El mismo afirmó ser hindú. No pretendió ser cristiano. Sin embargo, aceptó ciertos elementos del Cristianismo.

Sin ninguna duda, es mucho más fácil logar eso que cumplir con la Gran Comisión de Cristo. Los seguidores del Hinduismo o Budismo pueden admirar a Jesucristo y adoptar ciertos valores del Cristianismo sin grandes problemas. Pero tan pronto que uno de ellos abiertamente recibe el bautismo en obediencia al mandato de Cristo, ya tiene que comenzar a llevar la cruz por Cristo. Tendrá que sufrir persecución y rechazo por causa de Cristo. El Dr. Albertus Pieters, un misionero de muchos años a Japón, dijo:

"En países como la India o Japón, nadie se preocupa mucho por las creencias doctrinales de otros. Un hijo o una hija puede decir que cree en el Señor Jesucristo y aun orar o leer su Biblia en el hogar. Los padres normalmente no se preocupan mucho por eso, y aún pueden sentirse satisfechos, especialmente, como muchas veces es el caso, si ven un mejoramiento en la conducta de su hijo o hija. Pero si el joven pide el bautismo, desata la tormenta. No se puede

tolerar nada parecido, pero si lo hacen, a menudo implica expulsión del hogar y fuertes actitudes de intolerancia de parte de la sociedad. El Sr. Gandhi es actualmente el ídolo de toda la India, y el puede hablar bien de Jesucristo todo lo que quiera; pero si mañana se bautizara, toda la India escupiría en su cara." (Tomado de su libro "Porque bautizamos a los infantes", p. 22, escrito antes de la muerte de Gandhi.)

Por supuesto, la meta de la obra misionera no es ayudar a los no cristianos a apreciar los aspectos buenos del Cristianismo y adaptar algunas de sus enseñanzas y valores. Su meta es ganarles para que sean discípulos de Jesucristo, como él mismo mandó en su Gran Comisión.

Todavía otra actitud es lo que podemos llamar la del "cumplimiento". Según los que afirman esta posición, las religiones no cristianas son buenas, pero son incompletas, y como consecuencia, no pueden satisfacer todas las necesidades del hombre. Según dicen, el Cristianismo provee el elemento extra que necesitan para que sean completas. Las religiones son como las piedras en un arco: incompletas hasta que se coloca la piedra principal, que es el Cristianismo.

Los misioneros con esta actitud dicen a la gente de la China, como ejemplo, que el Confusionismo es bueno —tiene una filosofía noble y enseñanzas excelentes— pero lamentablemente, falta algo; es incompleto. Deben agregar a Jesucristo a las enseñanzas del Confusionismo. Los misioneros que tomaron esta posición eran muy populares entre los Chinos. Pero es cuestionable que hayan sido fieles a la verdad del Evangelio. Porque esta manera de acercarse a las religiones no toma en cuenta los elementos de maldad y falsedad que existen en ellas. Y estas dimensiones de maldad realmente *dominan*. Una fe como el Budismo o el Confusionismo no es esencialmente buena, con algunas fallas menores; es mayormente mala, con pocos elementos que podemos llamar buenos en comparación. Como podemos ver claramente en el libro de Los Hechos, los apóstoles de Cristo no presentaron al Cristianismo como la piedra clave que completa el edificio de la religión. Mejor, decían a la gente que tenían que arrepentirse de sus creencias falsas del pasado, y aceptar al Cristianismo como la única verdadera religión (Hechos 17:30; 14:15, 16).

¿Qué meta y actitud debe tener el misionero, entonces, hacia las religiones no cristianas y sus seguidores? Primeramente, tiene que mantenerse firme en el mandato de Cristo de que todos tienen que confesarle públicamente ante la gente, llegar a ser sus discípulos y bautizarse. La persona que rehusa tomar este paso, y así evitar el posible rechazo de parte de la gente, simplemente no es un cristiano. Puede ser que sintamos mucha simpatía hacia esa persona, pero no podemos reconocerle como cristiano.

Obviamente todo misionero debe ser un estudiante atento de la fe de la gente con quienes trabaja. No puede presentar el mensaje cristiano con efectividad si no está bien informado. No es suficiente que el misionero tenga un buen conocimiento de la Biblia y de la teología. También necesita un buen conocimiento de la fe no cristiana que existe en el lugar donde trabaja. Debe conocer su historia, sus principios, su práctica y los resultados.

No debe ser necesario decir que el misionero no puede hablar de una fe no cristiana despreciándola o burlando de ella. Puede ser necesario hacer una exposición sobria de los errores y aspectos malos de un sistema religioso, pero nunca se debe burlarse de las creencias religiosas de otra persona.

En el pasado, algunos misioneros tenían la tendencia triste de confundir el Cristianismo con la cultura europea o norteamericana. Era mucho más común en el siglo pasado que ahora, pero todavía persiste en algunos lugares. Una vez se oyó a un misionero que trabaja entre las indígenas del sur de los Estados Unidos, decir en una clase de Escuela Dominical que era necesario enviar misioneros a los niños indígenas porque ini saben utilizar el tenedor y cuchillo cuando comen! En el pasado, algunos misioneros pensaban que los convertidos debían adoptar las costumbres y vestimienta europeas. Pero esa actitud es errónea. La fe cristiana es una cosa; la cultura occidental es otra. Sin ninguna duda la llegada del Cristianismo en Asia o Africa produce cambios culturales. Pero el misionero no debe pedir a la gente que copien las pautas culturales de Europa o los Estados Unidos. Por ejemplo, no hay ninguna razón porque las iglesias de China o Japón deben imitar el estilo de arquitecto gótico de europea. Es fácil pensar en muchos ejemplos semejantes.

1 Si todos los otros sistemas religiosos son esencialmente malos, ¿cómo explica usted que tienen aspectos buenos?

2 ¿Puede encontrar por lo menos un pasaje bíblico que confirma el concepto de la "gracia común"?

3 ¿Está de acuerdo de que dos personas pueden hacer el mismo hecho bueno, pero el acto de uno tiene más valor que el otro? Explique.

4 ¿Está de acuerdo de que la conducta de una persona comprueba la veracidad de la fe que profesa? Explique.

Hay varias actitudes que podemos asumir frente a las religiones no cristianas.

5 Explique por que es un error simplemente condenarlas como obra del diablo.

6 En breve, explique las siguientes posiciones frente las misiones:

∇ "Cooperación"

∇ "Mesa redonda"

∇ "Cumplimiento"

7 Explique la falacia esencial de las tres posiciones de la pregunta anterior.

8 Explique las cuatro pautas básicas que el misionero debe seguir en su confrontación con las religiones del mundo:

∇ - 1

∇ - 3

∇ - 4

∇ - 5 ¿Piensa usted en otra?

4

El Hinduismo, la religión principal de la India

Durante toda su historia larga, el subcontinente de la India ha sido muy fértil en producir ideas y sistemas religiosos. En general, las poblaciones de la India se han preocupado por las cosas de la mente y del espíritu, y a la vez han considerado a las cosas materiales como de menor importancia, si no irreales. La religión de la India ha buscado una unión con lo real y eternal, más allá del mundo material y de los sentidos, que para ellos es ilusión y transitorio.

Los habitantes originales de la India eran aborígenes de tez oscura. Más o menos en la misma época cuando Israel sufría la opresión de Egipto (1500 a.c.), un pueblo conocido como los Arios invadió a la India desde el noroeste. Ellos tenían una descendencia estrechamente relacionada con los Persos, a quienes vemos en la historia del Antiguo Testamento. Hablaron un lenguaje relacionado con el Latín, el Griego y la mayoría de las lenguas de Europa. Eran pastores, y tenían caballos, ovejas, chivos y perros. Lentamente llegaron a dominar casi totalmente a la India, y redujeron a los habitantes originales a un nivel inferior. De esa diferencia, nació en la India el sistema rígido de clases que todavía existe, conocido como el "régimen de castas".

El libro religioso más antiguo de la India es el Rig-Vega, un libro de himnos y alabanzas. La palabra "Vega" significa "conocimiento", y tiene el mismo origen que nuestra palabra "sabiduría". El Rig-Vega contiene más de mil himnos. Fue escrito en el siglo octavo antes de Cristo —más o menos cuando vivía Isaías— pero los himnos son mucho más antiguos. La religión del Rig-Vega es politeísta (tiene muchos dioses), y esencialmente adora a la naturaleza, con dioses del cielo, de las tormentas, de la guerra, del sol y otros. Es una religión muy parecida a la de los primeros Griegos y Romanos, quienes tenían cierto parentesco con los Arios. Era también similar a la religión primitiva de Europa.

Aunque la religión primitiva de los Arios de la India era un politeísmo simple, el Hinduismo se desarrollo más y más en la dirección del *panteísmo*, es decir, la idea de que solamente Dios existe, y todo es Dios. La perspectiva del Rig-Vega es optimista y alegre, pero al pasar el tiempo, el Hinduismo llegó a ser cada vez más pesimista, hasta que llegó a tener una actitud casi totalmente negativa acerca de la vida humana y el mundo de los sentidos.

Entre los libros importantes que aparecieron más tarde están los Upanishads, del período 700 a 300 a.c. La palabra significa "sentarse a lado del maestro". Estos libros plantean la pregunta, ¿Qué es la realidad? Luchan con el problema del significado de la vida humana y del mundo. ¿El mundo de la vida cotidiana es real, o es una ilusión? ¿Es la expresión de algo invisible que es la verdadera realidad? Y ¿cómo apareció la vida humana y sus experiencias?

La respuesta que se da a estas preguntas es que la única realidad verdadera es un ser llamado Brahma. Consideran a Brahma como impersonal, aunque algunos escritos modernos parecen atribuirle algo de personalidad. Brahma existe por sí mismo, es infinito, omnipresente y *real*, mientras el universo físico es irreal, meramente una ilusión. Por medio de la meditación profunda, los místicos hindúes buscaban la unión con Brahma, la verdadera realidad. Es la experiencia religiosa más profunda posible; va más allá de la conocimiento ordinario, donde una persona se da cuenta de las cosas que le rodean y de sus propios pensamientos.

Una de las ideas principales del hinduismo es la *reencarnación*, un concepto que a veces llaman la "transmigración de las almas". Según la perspectiva de los hindúes, el resultado más deseado de la muerte es la absorción de la personalidad humana en Brahama. Sin embargo, no es el resultado normal de la muerte. La persona que muere nace de nuevo y vive otra vida, o en esta tierra, o en uno de los varios cielos e infiernos. La forma de vida que tiene el alma cuando nace puede ser humano, o puede ser también vegetal, animal o aun insecto.

Cómo es la vida de la persona que nace depende del resultado de la ley de Karma (la palabra significa "hechos"). Todo lo que hace la persona durante su vida determina qué clase de nacimiento tendrá después de la muerte. La persona ordinaria tiene que enfrentar el futuro triste de miles de renacimientos, la mayoría, si no todos, a una vida de miseria y sufrimiento. Esta creencia ha creado una sombra de tristeza y pesimismo sobre la vida emocional de la gente de la India. Es una religión casi sin esperanza.

La creencia en Brahma como la única realidad tenía la tendencia de cortar el nervio de la iniciativa personal, y estimuló una actitud fatalista de parte de la gente. También sofocó la vida moral del hombre, porque si el mundo y la vida humana individual no son reales, entonces no hay una motivación fuerte contra la maldad y a favor de la justicia. La creencia en la ley de Karma creó una depresión profunda en la gente pensativa, aunque la mayoría de las personas, absorbidas en la tarea interminable de sobrevivir, no se sentía tan afectado por ella.

En un período posterior, el hinduismo llegó a ser más práctico. Hoy, reconoce tres caminos hacia la salvación, que son, (1) El Camino de las Obras, (2) El Camino del Conocimiento, y (3) El Camino de la Devoción.

El Camino de las Obras exige sacrificios a los dioses, estudio de las Vedas, procreación de hijos para el beneficio de los antepasados y la hospitalidad. Estas obras buenas agregan puntos al Karma de uno, para que el próximo nacimiento sea mejor y no peor. Además de estas buenas obras, hay otras de naturaleza legalista. Se cree, por ejemplo, que la viuda que se casa de nuevo será renacida como chacal. Para millones de personas en la India, estas obras vacías ofrecen su única esperanza y consolación.

El Camino del Conocimiento se basa en los Upanishads. Según esta manera de pensar, la ignorancia es la causa del sufrimiento humano y de toda maldad. Especialmente la ignorancia de creer que tenemos una existencia, real, individual, separada de Brahama, el todo. La vida humana, dicen, es como la gota de agua tirada a la playa por el mar, que pronto regresa al mar y pierde su individualidad aparente. El Camino del Conocimiento busca la salvación por medio de la intuición que es consecuencia de la meditación profunda.

El Camino de la Devoción consiste en amar y adorar a un dios o una diosa en particular. Este "camino de salvación" atraía a las personas para quienes el Camino del Conocimiento era demasiado intelectual. Además apelaba a la naturaleza religiosa de la gente de una manera que el Camino de las Obras, legalista y vacío, no podía apelar. Así es que el Camino de la Devoción ha tenido mucha influencia en el Hinduismo. Y, por supuesto, ha estimulado la idolatría, ya que su devoción no se dirige al Dios verdadero, sino a los dioses y las diosas del Hinduismo. Hay muchos dioses y diosas en el Hinduismo. Entre los prominentes están Shiva, el Destructor y Vishnu, el Conservador.

La mayoría de las personas conocen poco de la filosofía y teología hindú, y normalmente adoran a los dioses de una forma tradicional y sin pensar. Hay peregrinajes a los lugares sagrados, especialmente el río sagrado Ganges, que según la tradición, nace bajo los pies del dios Vishnu en el cielo.

Han existido intentos de purificar al Hinduismo de la idolatría e incluir algunas de las enseñanzas de Jesús, además de abolir algunas de sus maldades más obvias, como por ejemplo la práctica de "suttee" (quemar a las viudas), el casamiento de niños y la poligamia. Aunque este movimiento ha tenido un poco de influencia, no ha cambiado el carácter mismo del Hinduismo de manera apreciable. Factores como las misiones cristianas, el secularismo moderno, la ciencia moderna, el comunismo y las comunicaciones modernas han afectado a la India y a su pueblo. Sin embargo, el Hinduismo sigue esencialmente lo mismo y sigue dominante. De todos modos, hay líderes prominentes en la India que buscan como meta el mejoramiento a sus semejantes, y no la absorción de su personalidad en el todo.

¿Cómo podemos evaluar al Hinduismo desde una perspectiva cristiana? En primer lugar, es obvio que el Hinduismo, en su forma más pura, es un esfuerzo honesto de afrentar algunos de los problemas de la existencia humana. Nos da un ejemplo claro de la debilidad del pensamiento humano apartado de la revelación especial divina. La mente humana está oscurecida por el pecado, y a pesar de la reflexión más intensa, llega a respuestas falsas. Entre otras cosas, faltan al Hinduismo:

- La creencia en un Dios personal, Todopoderoso, Creador y Señor de todas las cosas, y quien es diferente al universo.
- La creencia en la doctrina de la creación, que es esencial para comprender al universo.
- Una comprensión de la obligación moral, o la ley moral.
- Una comprensión adecuada y verdadera de la pecaminosidad y culpa del hombre. Busca salvarnos de la "falta de realidad", en vez de la maldad moral.
- Un Salvador quien se dio a sí mismo como sacrificio para pagar por los pecados del hombre, murió y resucito.
- Una creencia verdadera de la inmortalidad personal, y la vida eterna.

Podemos concluir que la verdadera esperanza para la India, no tiene que ver con reformas o adaptaciones del Hinduismo, ni tampoco en una obra misionera del tipo "social", sino en la proclamación clara y fiel del único Dios verdadero, de la Sagrada Biblia, y de Jesucristo crucificado, la única salvación para los pecadores... el Camino, la Verdad y la Vida, sin el cual nadie puede acercarse a Dios.

1 Se ve que el Hinduismo moderno se desarrolló durante muchos siglos con tres etapas marcadas. Indique las características de cada una:

∇ - 1

∇ ~ 2

∇ ~ 3

2 Para el hindú, la última realidad es Brahma, el "todo". ¿Qué diferencias hay entre este concepto de Brahma y el Dios que conocemos?

3 Cuando el hindú mira hacia el futuro, ¿qué esperanza tiene?

4 La ley de "Karma" es fundamental en el sistema de creencias hindú. Pero ¿no hay algo muy parecido en la creencia popular de la gente de la América Latina? Explique su opinión.

5 Si tuviera que responder a la ley de reencarnación con pasajes bíblicos, ¿cuáles utilizaría?

El Hinduismo no es tanto "una" religión, como la colección de una multitud de creencias y supersticiones con una base común de algunas doctrinas. Vemos esta diversidad en los "Tres caminos hacia la salvación".

6 ¿Se complementan esos tres caminos, o se contradicen? Explique.

7 En base a este estudio muy breve del hinduismo, ¿Cuáles serían los principales obstáculos, según su opinión, para que un hindú acepte a Jesucristo como su Salvador y Señor?

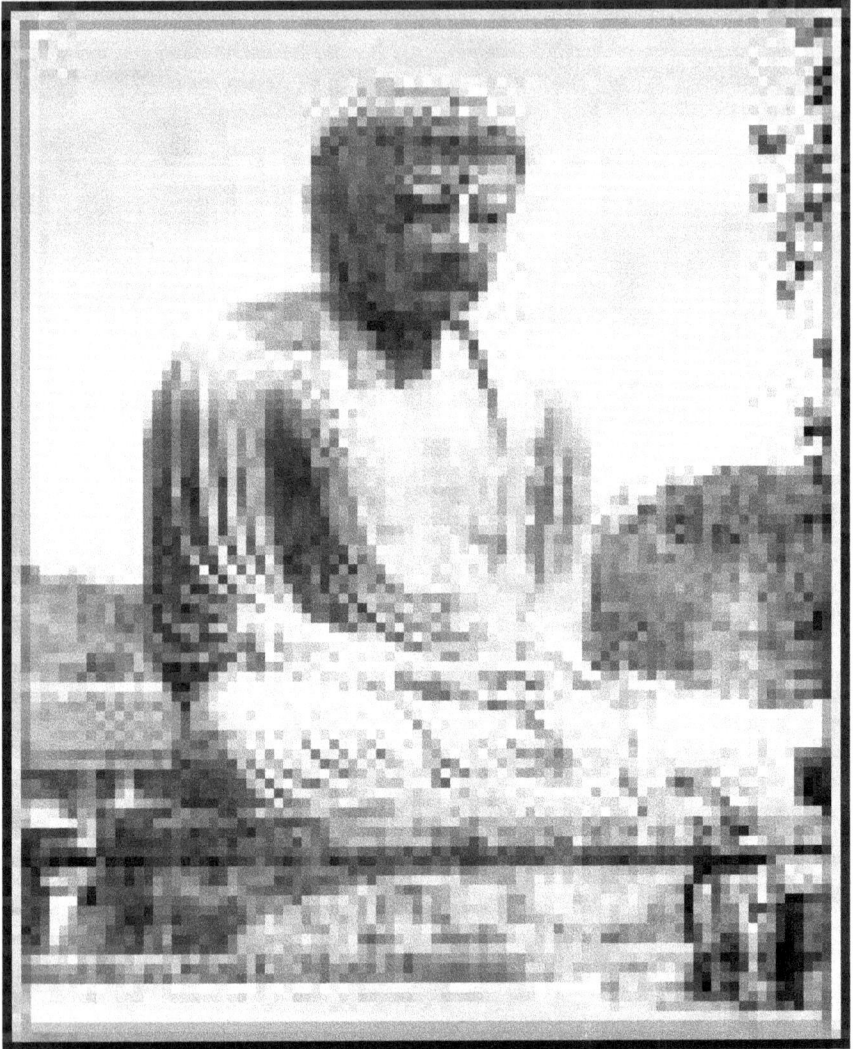

5

El Budismo, la búsqueda para escapar de la miseria

El Budismo es la religión más importante del Asia. Se originó en la India, aunque hay pocos budistas en la India hoy. Comenzó en el sexto siglo antes de Cristo, más o menos en la mismo época de Daniel y el cautiverio babilonico en la Biblia. En el año 560 a.C. un cacique, o rey menor de un área del norte de la India, tuvo un hijo nombrado Siddhartha Gautama. Cuando todavía era adolescente, se casó con una "princesa". Según la leyenda, su padre intentó guardarlo de todo contacto con la tristeza, enfermedad y muerte. Pero un día salió el joven, y vio, sucesivamente, un viejo decrépito, un enfermo, un cadáver y un monje ascético. Algunas versiones de la leyenda dicen que los vio en días sucesivos. Gautama decidió dejar su hogar y seguir la vida de un monje ascético. Este evento se llama "El Gran Renuncio". Miró una última vez a su esposa y hijo dormidos, y salió en la noche. Durante seis años buscó la salvación por medio del ascetismo extremo, o la mortificación. Era tan severa su abnegación, que casi murió de hambre. Al terminar los seis años, estaba muy desanimado, porque no había encontrado ninguna iluminación espiritual ni paz para su alma.

Como consecuencia de esta experiencia negativa, Gautama renunció a su ascetismo extremo como un fracaso. Como consecuencia, cinco discípulos que le habían acompañado lo dejaron. Un tiempo después Gautama tuvo una experiencia que llaman "La Gran Iluminación". La tuvo mientras estaba sentado bajo un árbol llamado "Bo" (conocimiento). La iluminación era que la verdadera fuente de la miseria y tristeza humana es el *deseo*. Si uno pudiera eliminar todo deseo de su vida, tendría paz espiritual. De esta manera, se abriría el camino hacia la Nirvana. ("Nirvana" significa la perdida de toda conciencia y existencia personal como consecuencia de ser absorbido en el "todo" impersonal.)

Después de esta experiencia Gautama fue llamado "el Buda" (el Iluminado). Correctamente, Buda es un título, no un nombre, aunque muchas veces se usa como nombre. Buda sintió la tentación de guardar su nuevo secreto para sí mismo, pero venció esa tentación y decidió compartir su iluminación con el mundo. Sus cinco discípulos regresaron, y llegaron a ser los primeros budistas, seguidos por millones incontables de personas.

Buda estableció una orden de monjes. Viajó por la parte norte de la India predicando su nueva doctrina. Dio diez preceptos, los cuales son: 1. Evitar destruir la vida. 2. No robar. 3. No ser inmoral. 4. No mentir 5. Evitar las bebidas intoxicantes. 6. Comer en moderación y no después del mediodía. 7. Evitar mirar al baile, escuchar canciones y mirar actuaciones dramáticas. 8. No utilizar guirnaldas, perfumes, alhajas o cosméticos. 9. No dormir en camas altas o anchas. 10. No aceptar oro ni plata. Los monjes tenía que guardar todos los diez mandamientos, pero los seguidores comunes solamente los primeros cinco.

Gautama Buda murió a los ochenta años, debido a una intoxicación, después de cuarenta y cinco años activos de promover la fe budista.

En contraste con muchos de los pensadores grandes de la India, Buda no tenía interés en los problemas filosóficos especulativos. Tenía más bien un interés en lo que llamaríamos hoy día la psicología, y buscó soluciones psicológicas para los problemas humanos. Su posición era que el problema esencial de la humanidad no tiene que ver con su pensamiento, sino con sus emociones, especialmente sus deseos, cuando no son controlados estrictamente. No creyó en ningún Dios, y afirmaba que la oración no tenía valor. También dijo que las Vedas y los ritos sacerdotales de la India no tenían ningún valor.

El Budismo, según lo enseñó Gautama Buda, es ateísmo puro, y es la autosalvación pura. El hombre se salva, no por Dios, sino por un régimen estricto de la cultivación psicológica propia. Entonces, en el sentido estricto, el hombre es su propio salvador. Esto es, esencialmente, el humanismo religioso. El hombre se salva por sus propias capacidades y esfuerzos dirigidos inteligentemente hacia la meta de eliminar todo deseo en sí mismo.

Buda incorporó la doctrina hindú de Karma, pero la modificó. Mientras en el Hinduismo esperaban miles de renacimientos, Buda enseñó que es posible escapar de la ley de Karma en una sola vida. Esto significa que es posible en una sola vida llegar al final de la cadena, para que no haya reencarnación.

Buda enseñó que es obligación amar a todos los hombres. Pero tiene que ser un amor impersonal, el amor hacia la humanidad en general, no dirigido a ninguna persona o personas en particular. Además, enseñó las "Cuatro Verdades Nobles" y "El Camino Octuple" como la manera de alcanzar la salvación, por los cuales el Budista serio puede escapar el proceso interminable de la reencarnación. Las "Cuatro Verdades Nobles" son:

1. La Verdad Noble del Sufrimiento.
2. La Verdad Noble de la Causa del Sufrimiento: el Deseo.
3. La Verdad Noble de la Cesación del Sufrimiento: Termina cuando el deseo termina.
4. La Verdad Noble del Camino Octuple que Lleva a la Cesación del Sufrimiento.

El Camino Octuple es:

1. Creencia correcta. 2. Propósito correcto. 3. Conversación correcta. 4. Conducta correcta. 5. Manera correcta de ganarse la vida. 6. Esfuerzo correcto. 7. Pensamiento correcto (pensamientos controlados). 8. Meditación o absorción correcta, que asegura la entrada a Nirvana con la muerte.

Aunque en realidad Gautama era un psicólogo que no creyó en Dios, después de su muerte la gente comenzó a adorarle, sacando más consolación de Buda como persona que de sus enseñanzas difíciles. Llegó a ser conocido como "el compasivo" además de "el iluminado".

Después de la muerte de Buda, el Budismo avanzó rápidamente. Durante los primeros tres siglos había no menos de dieciseis sectas o denominaciones diferentes de la fe budista. Un rey en la India, Asoka, quien reinó alrededor del año 250 a.C., esparció el budismo ampliamente, enviando misioneros budistas a la isla de Ceylón y aun hasta Siria, Egipto y Grecia.

El Budismo del sur de Asia —Ceylón, Burma, Tailandia, Cambodia— se llama el Budismo Hinayana. La palabra "Hinayana" significa el "Vehículo Menor". Es el Budismo más cercano a las enseñanzas del mismo Gautama Buda. Afirman que Buda ha entrado en la Nirvana y ya no existe como ser humano individual; está más allá de toda posibilidad de llegar a ser o dejar de ser. Este Budismo del sur da énfasis en la salvación por medio de la estricta disciplina personal y la cultivación propia, como enseñó Buda. También tiene algunos aspectos religiosos, como por ejemplo, la reverencia de reliquias de Buda.

Los templos del Budismo Hinayana contienen imágenes enormes de Buda. En teoría, son meramente estatuas, pero en la práctica son ídolos, y el Budista ordinario los adora. La gente común cree que las oraciones ofrecidas frente a estas imágenes serán contestadas.

La otra forma de Budismo se llama el Budismo Mahayana ("Mahayana" significa el "Vehículo Mayor"). Esta rama nació más tarde, alrededor del tiempo de Cristo. En esta forma nueva del Budismo, la cultivación psicológica ya no es el centro. Ha sido reemplazado por ideas y formas específicamente religiosos. Adoran a Gautama Buda mismo como divino; afirman que vino al mundo para ayudar a la humanidad sufriente. Han nacido muchos mitos alrededor de la figura de Buda. Llegaron a creer que Gautama no es el único Buda, sino uno entre muchos, algunos de los cuales han venido a la tierra mientras otros están en el cielo. La salvación ya no era totalmente un tema de disciplina propia, porque creían que hay seres divinos con reservas inagotables de méritos que los imparten gustosamente a los hombres necesitados y sufridos.

El Budismo Mahayana llegó a ser sumamente popular en la parte norte de Asia. Creció y prosperó en la China, Corea y Japón. Es la forma más idólatra del Budismo, y adoran un gran número de seres divinos y semi-divinos. Afirman que hay varias clases de salvadores divinos y semi-divinos para la humanidad. En el corazón del universo hay una "esencia de Buda", o un "amor tras la realidad que produce Budas". Esta naturaleza de Buda está en todos los hombres y puede ser animado y edificado.

La forma más extrema del Budismo se llama Lamaismo. Es el Budismo de Tibet y Mongolia, que cree que hay un "Lama" que es la reencarnación viviente de Buda.

Un estudioso cristiano ha llamado al Budismo como "La quimera del oriente". Este sistema, en alguna de sus formas, tiene un dominio sorprendentemente fuerte sobre millones de personas en el continente más grande y poblado. ¿Cómo podemos explicar el éxito del Budismo? Una manera es darse cuenta de que el Budismo responde a un problema universal y muy real: el dolor y sufrimiento humano. Donde la gente no tiene al Señor Jesucristo y su salvación, el Budismo es lo mejor que conocen. Sin duda alguna provee una suerte de paz y calma para mentes y corazones perturbados. El sufrimiento y agonía de los millones de personas del Asia es incomprensible para las personas que han pasado toda su vida en Europa o América. El aspecto fuerte del Budismo es su ofrecimiento de alivio de la agonía interminable. Pero, lamentablemente, es una promesa hueca y solamente puede traer la desilusión al final.

Porque el Budismo, a pesar de sus características atractivas, es esencialmente un sistema falso. *Primero*, su preocupación no es con el problema principal: comienza con el problema del sufrimiento, no con el del pecado o maldad moral que es la verdadera causa del sufrimiento. El Cristianismo predica la salvación del pecado; el Budismo proclama alivio del sufrimiento.

Segundo, el Budismo no tiene una idea clara y verdadera acerca de Dios.

Y sin conocer a Dios, el hombre no puede tener una paz verdadera. Como dijo el gran Agustín: "Tu nos hiciste para tí mismo, y nuestro corazón está inquieto hasta que encuentre su descanso en tí." En su forma original, el Budismo es una disciplina ateísta y psicológica; en sus últimas formas es politeísta e idólatra sin límites. No conoce nada del verdadero Dios viviente.

Tercero, los conceptos que tiene el Budismo acerca de la salvación y del destino humano son esencialmente falsos. Tiene muchos "salvadores", pero no el verdadero Salvador de la humanidad pecaminosa. Y el Budismo enseña que el destino del hombre es ser absorbido en el mar de Nirvana, y así perder su personalidad individual. Es en este aspecto que su diferencia con el Cristianismo se ve con más claridad. Según el Budismo, necesitamos rescatarnos de la maldad que es la continuación de la vida y conciencia humanas. Pero según el Cristianismo la vida humana es un regalo bueno de parte de Dios, y la vida personal individual fue creado para vivir para siempre. La vida individual es capaz de ser purificado de los deseos egoístas y malos, y serán satisfechos los deseos puros y santos, completamente y para siempre. Así, donde el Budismo busca la eliminación del deseo, el Cristianismo concibe la satisfacción del deseo en un nivel más algo. Buda ofrece al humano sufriente Nirvana, pero Jesucristo dijo "Yo he venido para que tengan vida, y para que la tengan en abundancia". Cristo trae, no la vida que desaparece, sino la vida llena.

Ya que el Hinduismo y el Budismo nacieron en el mismo país, no es sorprendente encontrar aspectos similares entre las dos religiones.

1 Indique las paralelas principales que ha notado entre ellas.

2 La verdad central del Budismo es la necesidad de eliminar los deseos. ¿Está de acuerdo de que con la eliminación del deseo, tendríamos paz? Explique.

3 Note de nuevo el "Camino Octuple". Haga una evaluación de él desde la perspectiva cristiana.

4 Explique las diferencias principales entre las dos formas mayoristas del Budismo: Hinayana y Mahayana.

5 ¿Cuál le parece que es la debilidad principal del Budismo como sistema religioso?

6 Si tuviera la posibilidad de explicar el evangelio a un Budista que no sabe nada del Cristianismo, ¿cómo comenzaría?

6

El Confucionismo, la fe china en el hombre

Cuando Sidhartha Gautama, el que luego llegó a ser el Buda, tenía 9 o 10 años, nació un niño en el norte de China que iba a tener una influencia inmensa en las generaciones siguientes. Fue más o menos en el año 551 a.c., alrededor del tiempo de Daniel en la Biblia. El lugar era la antigua provincia de Lu en la península Shantung. El nombre de su familia era K'ung. ("Confucio" es la forma latina de K'ung-fu-tzu, que significa el "Maestro K'ung"). El padre de Confucio murió cuando este era todavía un infante. Su madre se sacrificó para que su hijo pudiera tener una educación. Bajo un tutor del pueblo, estudió poesía y música. Aprendió a tocar el laúd y cantar las canciones antiguas chinas. Cuando tuvo quince años se interesó más en sus estudios, y decidió dedicarse a la vida de un sabio. También amaba la caza, pesca y el tiro de arco. La historia dice que siempre mantuvo honradez en sus deportes.

Antes de cumplir los 20 años, Confucio entró como empleado público, llegando a ser cobrador de impuestos en su provincia natal. Al morir su madre, renunció a esa posición. Después de dos años de luto por la muerte de su madre, se instaló como maestro particular, enseñando materias como la literatura, la historia, la ciencia política, la música y la adivinación. Pronto tuvo un círculo de discípulos, algunos de los cuales estimaron mucho a Confucio y seguían con él durante muchos años. Su propósito era animar a sus mejores alumnos a aceptar una carga pública, para así estimular la reforma que necesitaba la sociedad china.

Cuando tuvo cincuenta años, se dice que aceptó el puesto en el gabinete del Duque de Lu, llegando luego a ser primer ministro. Su manejo de los asuntos de gobierno era tan honesto y incorruptible, que llegó a tener enemigos políticos. Ya que sintió que le era imposible seguir en esa posición sin violar sus ideales altos, dimitió.

Después Confucio siguió como maestro particular y experto en asuntos gobernatales. Su esperanza era encontrar un puesto donde tomaran en serio a sus consejos, pero no lo encontró. A veces sufrió persecución, y una vez llegó a la cárcel. Cuando tuvo 67 años, regresó a la provincia de

Lu, donde pasó sus últimos años en reclusión. En el año 479 murió a los 73 años, muy desanimado por el fracaso aparente de la misión de su vida. Sus discípulos lo encontraron, repitiendo sin cesar a sí mismo:

"La montaña grande tiene que deshacerse,
La vida fuerte tiene que romperse,
El hombre sabio tiene que marchitarse como una planta."

A sus discípulos les dijo: "Ningún dirigente inteligente viene para tomarme como su maestro. Ha llegado mi tiempo para morir." Una semana después murió tranquilamente, sin oración, sin la esperanza de la inmortalidad, y aparentemente, sin temores.

Las fuentes principales que tenemos de la enseñanza de Confucio son *Los cinco clásicos* y *Los cuatro libros*. Los primeros son en parte de Confucio mismo, y posiblemente, en parte de escritos anteriores a él. *Los cuatro libros* contienen enseñanzas y dichos de parte de Confucio, aunque también contienen mucho material de una época posterior. El lector moderno de estos escritos antiguos chinos encuentra en ellos mucha sabiduría práctica, junto con mucho que parece repetitivo hasta el aburrimiento, y aún superficial. Lo llamativo de los clásicos chinos es que no tienen ni una frase inmoral, en contraste con mucha literatura antigua.

Confucio se vio a sí mismo como un comunicador de los valores del pasado, y no como un creador de lo nuevo o un innovador. Dijo "Creo en, y tengo una pasión por, la antigüedad." "No he nacido sabio. Simplemente soy un enamorado de los escritos de la antigüedad, y trabajo duro para aprenderlos."

Confucio vio a la China de su tiempo como decadente y corrupta, pero todavía dentro de la posibilidad de una reforma. Afirmó que la causa de los problemas de la China era que los hombres fallaron en vivir según las enseñanzas de la antigüedad. Dio mucho énfasis en la palabra "li", que se traduce por "conducta decorosa", "cortesía", "formas correctas", "forma correcta de ceremonia". El escolástico chino Lin Yutang, define "li" como "Una forma de sociedad ideal con todo en su lugar apropiado, especialmente una sociedad feudal, como la que estaba en proceso de desintegración en el tiempo de Confucio."

Enseñó que hay cinco relaciones humanas básicas, que necesitan ser ajustadas y mantenidas según las enseñanzas de la antigüedad. Estas relaciones son: 1. Gobernante y súbdito. 2. Padre y hijo. 3. Esposo y esposa. 4. Hijo mayor y hermanos menores. 5. Personas mayores y personas menores. Ajustando estas relaciones sociales por la práctica de "li", el resultado sería la armonía social. Confucio creyó que los Chinos antiguos habían realmente llegado a ese ideal. Sin duda vio a los "mejores días del pasado" con un idealismo irreal. Su gran meta en la vida era llamar a la China a regresar a las glorias y perfecciones del pasado.

Una vez Confucio se aproximó a decir la "Regla de oro" de Jesús (Mateo 7:12), pero en una forma muy diferente que la de Jesús. Porque Confucio lo dijo en forma negativa, mientras Jesús lo dijo positivamente. Confucio enseñó que no debemos hacer a otros, lo que no queremos que nos hagan a nosotros.

Confucio tuvo un concepto superficial y optimista de la naturaleza humana. No se dio cuenta de la verdadera pecaminosidad y corrupción del corazón humano. Dijo que en el fondo, la humanidad es buena, y que la gente solamente necesita una instrucción sabia para que llegue a lo que debe ser. Afirmó que "Si los líderes son buenos y justos, luego el pueblo será virtuoso y obediente." Su planteo era que la reforma tiene que comenzar en los altos niveles de la sociedad, en la clase dominante. Comenzando con el Emperador, penetra hacia abajo hasta el ciudadano más humilde de la China. Cada clase social será buena y honesta si la clase superior da un ejemplo de bondad y honestidad.

Aparte de contradecir la Biblia, el concepto que tuvo Confucio de la naturaleza humana es irreal y superficial en el sentido psicológico. Los factores que forman la conducta humana no son tan simples como suponía. Confucio, por su puesto, no sabía nada de la psicología moderna. Ni se dio cuenta de la influencia del inconsciente en la conducta humana. Sin embargo, aun en su propia época, el Budismo —aun siendo otro sistema falso— tuvo un análisis más penetrante y menos superficial del problema de la humanidad.

Partiendo del precepto de que el problema humano es esencialmente intelectual en vez de moral, Confucio intentó hacer virtuosa a la gente por medio de la iluminación. Pero no dio respuesta a las preguntas: "¿Por qué ha de querer una persona ser virtuosa?" "¿Qué impulsa a una persona a buscar la virtuosidad?" No tocó estos problemas, aparentemente sin darse cuenta que existen.

Confucio no tuvo una fe verdadera en Dios, ni en los dioses paganos. Cuando le preguntaron acerca del tema, tomó una posición sin comprometerse, o agnóstica. Recomendaba a la gente a observar los ritos tradicionales de la religión, sin comprometerse en cuanto a la existencia de los dioses o espíritus. Cuando le preguntaron acerca de la muerte, respondió que no podemos comprender todavía la vida, y ¿cómo podemos entonces saber algo de la muerte?

Su actitud básica hacia la religión era racionalista y humanista. Dio valor solamente a lo que demostraba tener algún propósito social: es decir, vio a la religión como un medio hacia un fin. En pocas palabras, Confucio no era un hombre religioso.

Después de la muerte de Confucio sus enseñanzas tuvieron sus altibajos, hasta que finalmente el emperador Wu Ti las proclamó como la religión oficial de China, alrededor del año 136 a.c. Como consecuencia, encargaron la educación a los eruditos confucios, con lo cual comenzaron dos mil años del entrenamiento de las clases gobernantes en el pensamiento de Confucio. Al pasar el tiempo, hubo una tendencia de considerar divino al Confucio muerto, y darle culto religioso.

La idea confucio de la devoción paternal llegó a ser la estructura principal del sistema social de la China. Bajo las enseñanzas del Confucionismo, la lealtad del chino es primeramente hacia su familia, que incluye sus padres y antepasados. Ningún hombre que tiene un padre o hermano mayor se considera "mayor", ni está libre de actuar con independencia. De la misma manera, ninguna mujer es libre para actuar independientemente; ella siempre está sujeta a su padre, su esposo o su hijo. La China siempre exaltaba la devoción paternal y afirmaba sus grandes beneficios, aunque no acordaban con la realidad. Sin embargo, no hay duda que había sido una fuerza estabilizadora en la China.

La influencia del confucionismo era condicionar a los chinos a mirar atrás, y no adelante. Todo su énfasis había sido acerca de las enseñanzas de la antigüedad. Se conjugaron dos factores: su agnosticismo frente a Dios y lo sobrenatural, y su optimismo fácil acerca de la condición moral de la personalidad humana. El resultado era una indiferencia inamovible hacia los valores y verdades religiosas, y una actitud complaciente y superficial hacia los problemas morales o éticos. Según las reglas de su religión, el Confucio ideal es todo un caballero, pero nunca ha enfrentado la maldad del corazón humano, y es simplemente indiferente frente las dimensiones espirituales y eternas de la vida humana; la necesidad suprema de una relación correcta con Dios para él es un tema inconsecuente. Se preocupa con lo humano, no lo divino; de lo actual, no del porvenir.

El comunismo, que ha dominado a la China durante muchos años, es la contradicción directa de casi todos los valores del Confucionismo, aunque tal vez su materialismo les da cierto acuerdo. Pero el Confucionismo es esencialmente aristocrático, con poco lugar para la democracia y aun menos para lo que Mato Tze-Tung llamó "la dictadura democrática del pueblo". Si el Confucionismo tiene fuerza suficiente para levantarse en el futuro, nadie sabe a esta altura.

Para resumir las fallas del Confucionismo desde una perspectiva cristiana: falta una idea del Dios verdadero; se basa sobre las enseñanzas de los ancianos y no la revelación divina; no tiene concepto del pecado humano y su culpabilidad, ni del camino de la salvación; su optimismo fácil acerca de la naturaleza humana estimula la complacencia y el orgullo espiritual; su mira hacia atrás impide el progreso normal; su falta de una visión de la vida futura ha resultado en que sea una fe completamente de este mundo; y la forma superficial y estereotipada de sus enseñanzas éticas impide que un Chino bajo la influencia del Confucionismo llega a una convicción del pecado cuando escucha al evangelio cristiano.

1 Por segunda vez hemos examinado una religión fundadada por un hombre no religioso. ¿Cómo explica usted ese proceso, es decir, la conversión de una filosofía a una religión?

2 Si usted fuera de la religión confuciana, ¿cuál sería la meta principal de su vida?

3 Toda religión tiene una dimensión personal, y otra social. ¿Cuál era, para Confucio, la sociedad ideal?

4 El Confucionismo moldeó la sociedad china durante muchos siglos, pero últimamente, fue desplazado por el Comunismo. ¿Cuáles serían los principales puntos de conflicto entre los dos sistemas?

5 ¿Cuáles son los cuestionamientos fundamentales de la vida que el Confucionismo no enfrenta?

7

Sinto, la deificación del Japón

La palabra *Sinto* significa literalmente "el Camino Divino", o "el Camino de los Dioses". Muchas veces se utiliza la forma "Sintoísmo", pero Sinto es más correcto, porque el "to" en Sinto significa "camino" y es similar en sentido a "ismo". Vamos a usar la forma *Sinto* en este capítulo.

Sinto es típicamente japonesa, y no se conoce fuera del pueblo japonés. Tiene sus raíces en la mitología antigua de Japón. Según uno de sus mitos, un dios y una diosa, Izanagi e Izanami, crearon las islas japonesas y el pueblo japonés. Al bañarse, Izanagi lavó un poco de tierra de su ojo izquierdo y así produjo Amaterasu, la diosa del sol, la más importante de todos los dioses japoneses. El nieto de Amaterasu era Ni-ni-gi, a quien envió a la tierra para gobernarla. El bisnieto de Ni-ni-gi era Jimmu Tenno, el primer emperador humano de Japón, en el año 660 a.C. Así, según el mito, la descendencia histórica de los emperadores japoneses viene directamente de Amaterasu, la diosa del sol.

En esencia, Sinto como sistema da un valor religioso a Japón: consideran que las islas, el pueblo y el emperador tienen un carácter divino que los hace únicos entre las naciones del mundo, y como consecuencia, que las demás naciones les deben una veneración religiosa. Sinto es, entonces, la deificación de Japón.

El origen racial de los japoneses es en parte de Asia y en parte de las islas del Pacífico Sur. Así dos líneas raciales —una de tipo mongólico y la otra del tipo malayo— se combinaron para formar el pueblo histórico japonés. Los pobladores anteriores de Japón, un pueblo de tez blanca llamado los Ainu, fueron desplazados a la isla del norte, Hokkaido.

En el quinto siglo Japón cayó bajo la influencia de China, con una civilización y una cultura mucho más antiguas que las de Japón. Como resultado de la influencia china, los japoneses adoptaron la "devoción paternal" y la veneración de los antepasados. En el siglo siguiente, el Budismo llegó a Japón desde China, y después de un período de resistencia, fue bien recibida. El Budismo llegó a ser tan popular que el Sinto casi desapareció bajo las olas de propaganda budista. En el siglo diecisiete hubo un renacimiento del Sinto puro. Como consecuencia, se enfatizó más la idea de que el emperador es un descendiente directo de Amaterasu, la diosa del sol.

Moto-ori, a quien consideran como el erudito más importante de la historia de Japón, afirmó la descendencia divina del emperador, y insistió en que se debe considerar a Japón como muy encima de las otras naciones. Las naciones extranjeras deben reconocer la superioridad de Japón, y ofrecer sus tributos al emperador. Moto-ori también combatió la tendencia de tomar prestadas las enseñanzas éticas del Confucionismo, ya que era un sistema extranjero (chino).

Japón había existido mayormente aislado de contacto con el mundo, pero el almirante americano Perry rompió esa aislamiento en 1853. Los Japoneses decidieron modernizar y industrializar su país para que sea un poder militar importante, algo que lograron con una energía y rapidez asombroso.

En el año 1868 ocurrió un cambio político, lo que llaman la Restauración de 1868, cuando el "Shogun" quien tenía el poder y quien había negociado con el almirante Perry, abolió su propia posición. Con este paso, el emperador llegó a ser el líder supremo en realidad, y no solamente en nombre. Un poco después el Emperador Meije nombró a Sinto como la religión oficial de la nación de Japón. En 1889 adoptaron una constitución que "permitió" la libertad religiosa, pero no podía ser una libertad verdadera mientras Sinto ocupó el lugar de privilegio como la religión nacional de Japón.

Con el tiempo, ideas occidentales, el Cristianismo en parte pero mayormente la ciencia y la filosofía, comenzaron a tener su influencia en Japón, y muchas personas perdieron su fe ingenua en Sinto con su mitología antigua. El gobierno japonés intentó enfrentar esa amenaza con una nueva interpretación de los mitos sintos, presentando a los dioses y diosas como seres humanos con poderes y dones especiales. El gobierno intentó utilizar al Sinto para moldear el pensamiento y actitudes del pueblo japonés.

En 1882 se hizo una separación oficial entre "Sinto de culto" y "Sinto de santuario". "Sinto de culto" se declaró una religión, al mismo nivel que el Budismo, el Cristianismo o cualquiera otra religión. Pero declararon oficialmente al "Sinto de santuario" o "Sinto del estado" como no religioso, y la participación en sus ritos era la obligación patriótica de todo Japonés. En 1911 el gobierno tomó un paso más y mandó que todos los maestros tenían que llevar a sus estudiantes al santuario local del "Sinto del estado" para mostrar respeto. Además, los alumnos de las escuelas tenían que inclinarse diariamente delante del retrato del emperador, algo que preocupó mucho a los cristianos. El gobierno insistió que estas prácticas eran "no-religiosas", y simplemente patrióticas. Pero debemos comentar que patriotismo en una nación que se piensa divina nunca puede ser "meramente patriótica"; inevitablemente toma la forma de devoción religiosa si se expresa de maneras que implican el reconocimiento del carácter divino de la nación.

El gobierno japonés separó más de cien mil santuarios para el "Sinto del estado". El gobierno también nombró y pagó algo como dieciseis mil sacerdotes para atender esos santuarios. Los sacerdotes tenían que conducir los ritos "no-religiosos" del Sinto de estado. Los santuarios eran propiedad nacional, y de esa manera separados del sistema de "Sinto de culto". Sin embargo, seguían como santuarios de la fe Sinto, con las características y prácticas claras de Sinto.

La palabra japonesa para "santuario" significa "casa de dios". Los santuarios a menudo son muy bellos. El santuario está hecho de madera natural, sin pintar, y ubicado en un parque de árboles seleccionados, cercado con una sola entrada con un "torii", o puerta ceremonial. El ambiente del santuario y el parque es de misterio, silencioso, majestuoso, y los viejos árboles inmensos agregan un sentido de antigüedad más allá del tiempo.

El fiel se acerca al santuario después de limpiar sus manos y su boca, bate las palmas para llamar la atención de los dioses a su presencia, hace reverencia, presenta una oferta de comida o tela, hace otra reverencia y sale silenciosamente y con solemnidad.

Dentro de santuario se guarda un *shintai* ("cuerpo de dios"), algún objeto sagrado que se guarda cuidadosamente pero que casi nunca se ve. Lo toma como un símbolo de la realidad espiritual que el santuario honra. Puede ser un espejo, una espada vieja, un pedazo de un manuscrito antiguo o aun una piedra. La gente más ignorante considera que el "cuerpo de dios" es divino, y oran a él. Otros, más sofisticados en su manera de pensar, lo ven como algo que tiene poder para traer la buena suerte, o simplemente como un símbolo de un hombre o hombres de la antigüedad.

El santuario más importante del Sinto de estado está en Ise, en el sur de la isla principal, a orillas del mar, una zona de belleza impresionante. Este santuario está dedicado a la adoración de Amaterasu, la diosa del sol. Desde la antigüedad ha sido un lugar de peregrinaje para los japoneses fieles y leales. Antes de 1945, los emperadores japoneses adoraban personalmente en el santuario de Ise, o enviaban un mensajero imperial al santuario.

Comenzando con la invasión de China en 1931, el partido militar que controlaba al gobierno japonés, promovía activamente la mitología y ideología de Sinto utilizando toda clase de propaganda, especialmente en las escuelas. Sinto era originalmente un mito, y esa era su significado esencial, pero llegó a ser la apologética para la idea de que el destino divino de Japón era conquistar y regir sobre otras naciones, y finalmente ser dueño de todo el mundo.

El verdadero significado del Sinto de estado, tal como lo promovieron los militaristas durante los años 1931 a 1945, era *la deificación y el culto del estado japonés.* Los mitos Sintos sirvieron para apoyar este culto al estado, que llegó a ser similar en esencia al estado absoluto bajo Hitler y el partido Nazi en la misma época. Los Cristianos conscientes se preocupaban mucho por este programa de Japón, y vieron a su libertad seriamente cortada por un estado en camino a la segunda guerra mundial. Hay que recordar que todo esta promoción de Sinto por el gobierno dominado por los militares fue declarada como "no-religiosa" y meramente patriota.

El general Douglas MacArthur eliminó el Sinto de estado en 1945 en nombre de las fuerzas aliadas. Se rompió la relación oficial entre el gobierno japonesa y el sistema de santuarios, y estos llegaron a ser dependientes de ofrendas y la generosidad de la gente para su sostén. Todavía reciben a mucha gente, aunque ya no son apoyados oficialmente por el gobierno.

En el mismo momento en que fue abolido el Sinto del estado, se estableció, por primera vez en la historia de Japón, una verdadera y completa libertad religiosa. Como el profesor John Young comentó, el regalo de la cristiandad al Japón conquistado era la libertad. Esa libertad ha durado hasta el momento actual. El emperador ha renunciado a su divinidad, sin embargo, el Sinto está bien arraigado en las mentes del pueblo japonés, y las circunstancias del futuro pueden empujar al país a regresar al nacionalismo religioso.

Aparte del abolido Sinto del estado, sigue el "Sinto de culto" y el Sinto en los hogares. La mayoría de los hogares japoneses tienen un "estante de dios" donde ponen papeles o tablas de madera con el nombre de algún dios o antepasado. Suelen poner ofrendas delante del "estante de dios", y en teoría por lo menos, adorar en ese lugar diariamente, aun en una forma muy simple y breve. La vida religiosa del pueblo incluye creencias y prácticas del Budismo tanto como el Sinto.

¿Qué podemos decir del Sinto desde la perspectiva cristiana? Primeramente, sus mitos antiguos, como los de otras naciones, están llenos de aspectos fantásticos y no merecen ser considerados seriamente. El intento de reinterpretar los mitos para estimular la grandeza nacional es un manejo que no toma en cuenta su verdadera naturaleza: en realidad los mitos son mayormente una respuesta de un pueblo antiguo a las fuerzas misteriosas de la naturaleza. Todo el planteo de la divinidad de Japón —de su emperador, sus islas y su pueblo, y su pretendido destino de regir sobre el mundo— es simplemente falso. No solamente es una forma extrema de idolatría que roba a Dios del honor que solamente él merece, sino que también es una contradicción llana de la verdad bíblica y científica de que Dios ha hecho de una sola sangre a todas las naciones

(Hch 17:26). Toda ideología de una "raza superior", dondequiera que se aparezca, es esencialmente idólatra y sin base científica.

La declaración del gobierno de que los ritos y ceremonias del Sinto del estado no eran religiosos era simplemente ficción legal. Los ritos y los santuarios son obviamente religiosos, bajo cualquiera evaluación del concepto de "religión". Es asombroso que un gobierno moderno pudiera declarar que ceremonias relacionadas con un "casa de dios", un sacerdocio, la oración, ofrendas y un reconocimiento de dioses y espíritus, eran "no religiosas" y como consecuencia, debían ser observados por todo japonés, incluyendo los cristianos quienes creyeron en el Dios que mandó: "No tengas otros dioses aparte de mí". El programa anterior de exigir la participación en el Sinto de estado era esencialmente tiránico y idólatra, un pecado serio contra Dios y una restricción grave de la libertad del pueblo cristiano.

En el sentido teológico y ético, el Sinto es tan pobre que, aun si fuera verdad, no podría responder a las necesidades religiosas y morales del pueblo. En parte esta es una explicación del éxito del Budismo en Japón. El Budismo es un sistema falso, pero no le falta contenido. El Sinto no puede sostener una cosmovisión real, ni un sistema desarrollado de ética o morales. Casi no tiene concepto del pecado o de ley moral. No sabe nada del Dios verdadero y vivo. El pueblo y la nación de Japón necesitan el Cristianismo, con la Santa Biblia de los dos testamentos como la revelación especial del Dios verdadero. Necesitan la revelación bíblica de la creación para tomar el lugar de los mitos increíbles del origen de todo. Y necesitan a Jesucristo crucificado y resucitado de los muertos como el único salvador de los hombres y de las naciones.

El Hinduismo y el Sinto son parecidos, en que las dos religiones nacieron de los mitos de dioses antiguos. Pero una diferencia importante es que los Japoneses no hacen ídolos de sus dioses.

1 ¿Puede pensar en la razón porqué?

2 ¿Cuáles son las preguntas claves de la vida a las cuales Sinto *no* ofrece respuestas?

3 Varios paises de la America Latina también tienen religiones oficiales establecidas por el estado. ¿Esta situación tiene paralelo con lo de Japón antes del año 1945?

4 ¿Cuáles son los peligros principales de tener una "Religión Oficial"?

5 El Sinto continua actualmente en Japón, aunque sin el aureola divina que tenía antes. Sin embargo, el Japonés es muy resistente al Evangelio de Jesucristo. ¿Puede pensar en razones porqué?

6 ¿Con cuál aspecto del Evangelio debe comenzar el misionero que se enfrenta con un Japonés embuido en el Sinto?

8

Islam, el monoteísmo militante de Arabia

El Islam, que se conoce a veces por Mahometismo, es la más joven de todas las religiones del mundo. Es la única religión importante que es más joven que el Cristianismo. Todos los sistemas que hemos estudiado hasta ahora se iniciaron mucho antes del nacimiento de Cristo, pero el Islam comenzó en el séptimo siglo después de Cristo. Así es que tiene apenas mil doscientos años.

El nombre *Islam* significa "sumisión". De la misma raíz árabe viene la palabra *musulmán* que quiere decir "los que se han sometido", es decir, los que aceptan el Islam. La cantidad de musulmanes en el mundo hoy fácilmente pasa 1000 millones, y está penetrando rápidamente en casi todo el mundo, aun en el mundo "occidental".

Mahoma tomó prestado una buena parte del contenido del Islam del Judaísmo, Cristianismo y otras fuentes. Hay un cuento de una mujer que envió un manuscrito de poesía a un editorial para ser publicado. El editor lo rechazó, con esta nota: "Querida señora: Su poesía es buena y original. Pero, lamentablemente, la parte buena no es original, y la parte original no es buena." En este sentido, podemos decir que la parte buena de Islam no es original, sino copiado de otras religiones, y la parte original no es buena.

El trasfondo del Islam es la escena religiosa del Arabia antiguo. La religión era toscamente politeísta, con adoración de la luna, las estrellas, los dioses y diosas, y con la creencia en una multitud de espíritus menores: ángeles, demonios, hadas, etc. En la ciudad de La Mecca, colocaron un meteorito en un rincón del Ka'bah, un santuario sagrado. Se menciona a este santuario en la literatura que data hasta el año 60 a.C., es decir, más de seiscientos años antes de Mahoma. Ofrecieron sacrificios a esa piedra negra, que según ellos, cayó del cielo en los tiempos de Adán y Eva. El pueblo de La Mecca tenía como tradición que Abraham edificó el santuario cuando estuvo de visita a su hijo Ismael. También hubo en La Mecca un pozo sagrado, que según la tradición, fue cavado por las patadas de Ismael. Dentro del Ka'bah había muchos ídolos, el principal era el de un dios llamado Hubal.

A los seis años Mahoma era huérfano. Sus guardianes eran celosos de las supersticiones religiosas de La Mecca. Como joven, Mahoma se preocupó por las características malas de la religión árabe de aquel tiempo, especialmente sus peleas internas, idolatría, inmoralidad y intemperancia. Una costumbre especialmente repugnante era la de enterrar vivas a las niñas recién nacidas que los padres no querían. Mahoma se enojó también por las guerras inútiles e interminables entre las diferentes tribus árabes.

Desde la edad de doce años Mahoma hizo viajes de caravana a Palestina y Siria. De esa forma tuvo contacto con las creencias judías y cristianas.

Esas experiencias le llevaron a cuestionar muchas de las creencias y prácticas árabes.

Mahoma se casó con una viuda rica llamada Khadija, quien tenía quince años más que él. Ella le mostró cariño y le animó, para seguir sus intereses religiosas frente a dificultades y oposición. Cuando tuvo cuarenta años estuvo en un lugar solitario de las montañas y recibió una visión del ángel Gabriel quien le mandó a "recitar" en el nombre del Señor. En el principio dudaba del origen sobrenatural de la visión, y aún dudaba de su propia cordura. Pero su esposa le animó y el llegó a convencerse que la visión realmente vino de Gabriel. Pronto tuvo otra visión de Gabriel, y luego más frecuentemente comenzó a recibir revelaciones. Llegó finalmente a la conclusión de que había sido llamado a ser un profeta de Dios (Alá es la palabra árabe que significa "Dios", y corresponde a El o Elohim en hebreo).

Mahoma comenzó a predicar en su propia ciudad, La Mecca, pero tuvo una oposición fuerte. Así siguió durante diez años. Su primero convertido fue su esposa, Khadijah. Otro de los primeros convertidos fueron Abu Bekr, un negociante rico y pariente de Mahoma. Los resultados de cuatro años de predicación fueron unos cuarenta convertidos a la nueva fe del Islam. Pero la oposición en La Mecca era demasiado fuerte, y finalmente en el año 622 Mahoma con sus seguidores huyó a la ciudad de Medina, un viaje de unos ocho días en caravana de camello. Lo recibieron con honores en Medina, y se logró que el Islam fuera recibido como la religión de la ciudad. Se introdujeron prácticas nuevas, como cultos el día Viernes, el llamado para la oración desde el techo de la mezquita y el dar limosnas para el sostén del profeta y ayuda a los pobres y necesitados.

El resultado era la guerra entre La Mecca y Medina. Mahoma y sus seguidores salieron victoriosos, y regresaron en triunfo a La Mecca. En parte por medio de la guerra, y en parte por medio de influencias y persuasión, ganó la supremacía religiosa y política de toda Arabia. Murió en 632, y le sucedió Abu Bekr, a quien llamaron el "califa".

El Islam continuó extendiéndose, promovido por extensas campañas militares. Jerusalén cayó frente a los musulmanes en 638, y Egipto tres años más tarde; Irak en 637; Persia en 649; y una buena parte de Asia menor antes del año 652. Luego llevaron al Islam por medio de la fuerza militar hasta la India y aun más lejos. En menos de cien años después de la muerte de Mahoma, todo Africa del norte y España eran musulmanas. La expansión de Islam en Europa fue finalmente frenada por Carlos Martel en la batalla de Tours (Francia) en el año 732, justamente un siglo después de la muerte de Mahoma. El Cristianismo ganó de nuevo a España, pero una franja ancha desde Morocco a Pakistan e Indonesia sigue musulmán. Actualmente la expansión continúa, y está comenzando a ser una de las religiones principales de una buena parte de Europa y hasta los Estados Unidos. Los países árabes ricos invierten mucho dinero todos los años para la expansión de Islam. Lo que no lograron anteriormente con la fuerza, ahora ganan con los dólares.

Las doctrinas principales de Islam son los siguientes:

Monoteísmo. Es decir, la unidad absoluta y simple de Dios. Esto incluye el rechazo de la doctrina cristiana de la Trinidad, concepto con el cual Mahoma había tenido contacto. Lo lamentable es que Mahoma conoció una forma distorsionada del Cristianismo, y como consecuencia, pensaba que la doctrina de la Trinidad es la creencia en tres Dioses, o Triteísmo. La doctrina musulmana de Dios da énfasis en su transcendencia a costa de su inmanencia, y su majestad y poder a costa de su amor y misericordia. Se afirma la predestinación absoluta. Una diferencia importante entre el concepto musulmano de la predestinación y el calvinista, es que afirma que el resultado final está fijado aparte de los medios para alcanzarlo, negando así la realidad de causas secundarias.

Mahoma es el Profeta de Dios. El Islam reconoce la existencia de otros profetas, incluyendo a Moisés y Jesús, pero insiste que Mahoma es el último y el más grande de la línea profética. Aunque no ven a Mahoma como divino; es simplemente un hombre por el cual Dios ha hablado.

El Corán es la Palabra Absoluta de Dios. El Islam concede algo de valor a las Escrituras judías y cristianas, pero afirma que el Corán tiene un carácter absolutamente único. Aun dicen que es una copia exacta del original en los cielos.

La salvación se gana por obras humanas. Una característica de los musulmanes religiosos es que son tan orgullosos y santurrones que es muy difícil que comprendan el concepto evangélico del pecado y de la redención. Las principales obligaciones religiosas son: la repetición de la fórmula "No hay Dios sino Alá, y Mahoma es el profeta de Alá" (recitar esta formula hace Musulmán a uno); la oración; dar limosnas; ayunos específicos y peregrinajes. Una vez en la vida, si es posible, todo Musulmán está obligado a hacer el peregrinaje a La Mecca. También hay muchas obligaciones morales, que incluyen mostrar bondad a las viudas, huérfanos, etc.; abstenerse del adulterio, bebidas intoxicantes, juegos de azar y de comer sangre y carne de cerdo; mostrar bondad hacia las mujeres divorciadas; no casarse con más de cuatro mujeres a la vez; y especialmente involucrarse en el servicio militar a favor de Alá contra los incrédulos.

Algunos de estos preceptos morales son reformas verdaderas de la religión de aquellos tiempos. Por ejemplo, la limitación a cuatro esposas aparentemente era una verdadera reforma, ya que, según sabemos, anteriormente un hombre podía tener hasta diez esposas a la vez. Sin duda la ética musulmana mejoró bastante a lo que existía en los tiempos de Mahoma, pero la dimensión ética de Islam se ha vuelta rígida y exteriorizada, con énfasis en mandatos y prohibiciones en vez de una amor genuino por los demás. En este sentido Islam es parecido a la perversión farisaica de la fe judía.

¿Por qué el Islam tiene tanto éxito? ¿Cómo podemos explicar su expansión tan rápida? Y ¿porqué es tan difícil ganar a musulmanes para Cristo? Un estudiante musulmán me preguntó una vez porque el Islam tiene tanto más éxito que el Cristianismo. Después de pensar un momento, respondí que es mucho más fácil cumplir con el Islam que con el Cristianismo; hace menos demandas a la gente. No hay nada en el Islam que llevaría a un hombre a decir "¡Desdichado de mí! ¿Quién me librará del poder de la muerte que está en mi cuerpo?" o "Yo sé que en mí, es decir, en mi naturaleza de hombre pecador, no hay nada bueno". Una religión con metas razonablemente fáciles de alcanzar estimula la confianza en sí mismo, la complacencia y el orgullo espiritual; lleva inevitablemente a la autojustificación. Pero no da al pecador la angustia de una conciencia del mal personal, ni la frustración de intentar sin éxito llevar a la práctica los requisitos de una verdad moral absoluta. En breve, el Islam lleva al hombre a sentirse bien, mientras el Cristianismo necesariamente comienza (y muchas veces sigue) haciendo que el hombre se sienta mal. La religión del corazón quebrado es el Cristianismo, no el Islam.

De nuevo, el Islam es una religión que ya ha mirado directamente al Cristianismo y lo ha rechazado definitivamente. Es mucho más fácil ganar un chino que adora ídolos para Cristo, o un africano politeísta, que ganar a un musulmán orgulloso de su rechazo de la idolatría. El rechazo de la Trinidad, que en un sentido es la base del Evangelio Cristiano, no sólo se implica en el Islam sino se declara explícitamente. El Corán lo afirma en lenguaje claro. Como consecuencia, el Musulmán ya tiene una cierta "dureza" frente al Evangelio de Jesucristo.

Sin embargo, no es imposible ganar a musulmanes para Cristo. La gracia de Dios es soberana, y el Espíritu de Dios es capaz de penetrar el caparazón de prejuicio y orgullo espiritual y llevar a un musulmán a la convicción del pecado y la fe salvadora en Cristo Jesús. Tal vez si el mundo cristiano estuviera un poco más preocupado, las misiones a los Musulmanes serían más exitosas.

A pesar de su monoteísmo, tenemos que juzgar al Islam como una fe falsa. Su doctrina acerca de Dios es demasiado simple para ser la verdad. Dios es Uno, pero también es Tres en un sentido diferente. Su concepto de Jesucristo le da poco honor cuando lo eleva al nivel de un profeta un poco menos importante que Mahoma. Su camino hacia la salvación es esencialmente falso, ya que falta la sangre redentora del único que puede redimir a los hombres. Y promueve un orgullo religioso, en vez de esa fe en el sustituto que Dios ha provisto, fe que proviene de un corazón quebrantado. Como un sistema de ética, es seriamente truncado por su limitación a lo externo. Su libro sagrado, el Corán, falsamente afirma ser la revelación divina absoluta, y apoya algunos de los peores males del sistema musulmán, como por ejemplo, la posición oprimida de las mujeres en todo el mundo musulmán.

Por ser la religión "más joven" del mundo, en su origen y en sus doctrinas, el Islam se asemeja mucho a los grupos que nosotros llamamos sectas.

1 Por ejemplo, Mahoma comenzó como una "reformador" de la religión árabe. Pero, ¿por qué el Islam llegó a ser mucho más que un movimiento reformador?

2 ¿Podemos aplicar Hechos 5:38, 39 en el caso del Islam? Explique.

3 Israel, el Islam, los Cruzados y los Conquistadores todos tomaron la espada en nombre de la fe. El Islam fundamentalista sigue la misma práctica hoy. ¿Qué actitud debemos tomar frente a esta realidad?

4 ¿Por qué el Islam es tan abiertamente anti-cristiano?

5 Explique en sus propias palabras cómo es Dios, según lo ven los musulmanes.

6 En base a esta introducción muy breve del Islam, indique algunos de los elementos esenciales que faltan en su sistema religioso.

Dos de sus doctrinas básicas —Mahoma es el "profeta" con más autoridad, y la autoridad absoluta del Coran— erigen una barrera formidable para los misioneros. Sin embargo, no es impenetrable.

7 En base a lo que hemos visto, ¿cuál le parece que ha de ser una manera posible para acercarse a un musulmán con el Evangelio?

9

El Judaísmo, el Antiguo Testamento sin la sangre que justifica

La religión del Antiguo Testamento es una religión de gracia, es decir, es una religión donde el amor de Dios provee la salvación a pecadores como un regalo gratis, no merecida. También es una religión de redención, porque demuestra cómo el pecado humano es cancelado por medio de un sustituto que Dios acepta. Así la religión revelada en el Antiguo Testamento es a la vez de *gracia* y *redentora*. La gente más espiritual de Israel siempre reconocía ese carácter gracia-redentora de la religión del Antiguo Testamento. Pero seguramente siempre existían las fuerzas o tendencias que obraron para cambiar o reinterpretar esa característica hacia una religión de méritos humanos (obras o logras humanas de alguna forma), y no redentora.

Cuando leemos el Nuevo Testamento, encontramos al liderazgo judío fuertemente dividido en dos sectas o partidos: los Fariseos y los Saduceos. Los Saduceos tenían el control sobre la organización del Templo y la adoración. Formaban el partido más influenciado por la filosofía griega, y podríamos llamarlos los liberales o modernistas de su día. Dudaban, o directamente negaron, muchas enseñanzas de las Escrituras, incluyendo la resurrección.

Por otro lado, los Fariseos eran separatistas y se aferraban a todo lo judío en contraste con lo gentil. Y tenemos que reconocer que en las disputas que tenían con los Saduceos, tenían la razón. Esto no quiere decir que los Fariseos tenían razón en todo, porque indudablemente no era así. Tenían sus propios errores y equivocaciones graves. Específicamente, habían transformado la religión de gracia-redención del Antiguo Testamento en un sistema de méritos u obras humanos, por los cuales el hombre debía salvarse por medio de sus esfuerzos diligentes y constantes de guardar las leyes y mandamientos de Dios. El apóstol Pablo, antes de su conversión en el camino a Damasco, era un seguidor de esta perversión farisaica de la religión de Israel. Aunque todavía ofrecían los sacrificios de sangre y todavía observaban la Pascua, incluso el sacrificio del cordero, su teología era esencialmente legalista o meritorio. Dieron una respuesta falsa a la pregunta "¿Qué debe hacer el pecador para salvarse?", porque respondieron no en términos de fe, sino en los de obras humanas.

Los Romanos vencieron completamente a Israel en el año 70 y destruyeron la ciudad de Jerusalén y el Templo. Los judíos que no murieron fueron dispersados por todo el Imperio, y muchos como esclavos. La fe judía había recibido un golpe muy severo, y la recuperación parecía imposible.

Un poco antes de que Jerusalén cayera frente a los Romanos, un rabí erudito, Johanan ben Zakkai, escapó de la ciudad a un lugar de la costa llamado Jabneh o Jamnia, donde comenzó a funcionar como maestro de las leyes y principios de la fe judía. Intentó adaptar a la religión judía a los cambios históricos que vivían. El Sanhedrín (Consejo de los 70 ancianos) había muerto, y Johanan ben Zakkai organizó un nuevo consejo para asumir el liderazgo y hacer decisiones y reglas para la fe judía en cualquier parte. Es necesario reconocer que ellos lo hicieron por iniciativa propia; no fueron llamados por Dios ni tampoco intentaron una continuación legal de las instituciones del Antiguo Testamento. Sin embargo, llegó a ser reconocido ampliamente, y lo tomaron como el vocero oficial de la religión judía. Aun el gobierno romano reconoció su existencia, y trató a su Patriarca (primer oficial) como la cabeza de los judíos por todo el Imperio.

La fe judía como existe hoy se basa solamente en parte en las Escrituras del Antiguo Testamento. Solamente en un sentido muy limitado podemos decir que el Judaísmo de hoy sigue la religión del Antiguo Testamento. Han agregado muchas tradiciones y interpretaciones. Entre estos agregados está el *Mishnah*, escrito en el segundo siglo después de Cristo, que es una lista de cuatro mil preceptos de los rabinos, que intentaron adaptar al *Torah* (la ley de Moisés) a sus condiciones actuales. El Mishnah fue creado por eruditos judíos en Galilea. Los mismos grupos de intelectuales prepararon el *Talmud palestina*, que era una obra no tan importante.

Los próximos agregados importantes a las Escrituras del Antiguo Testamento vinieron de estudiosos judíos de Mesopotamia o Babilonia. Se piensa que en Mesopotamia puede haber vivido hasta un millón de judíos después de la destrucción de Jerusalén.

Los eruditos judíos de Babilonia siguieron con la elaboración y codificación de los detalles de la religión judía. Una parte del Mishna era la exposición del *Halakah*, lo que llamaron la "ley no escrita", otra parte era el *Haggadah*. "Haggadah" no tenía que ver con la ley, sino que consistía en tradiciones, una colección de datos históricos, religiosos, morales y prácticos tomados de un sin número de dichos y sermones de rabís notados de su historia. Los judíos de Babilonia recopilaron todo los *Halakah* y *Haggadah* que no habían sido anotados, en un libro enorme llamado el *Gemara*. Luego se juntó el Gemara con el Mishna para formar un tomo grotesco conocido como el *Talmud* (de Babilonia). El Talmud es la verdadera autoridad del Judaísmo actual. Se terminó su compilación alrededor del año 500. Se da cuenta de su tamaño cuando entiende que contiene sesenta y tres volúmenes, dividido en seis secciones principales. Desde aquel día hasta ahora, el judío ortodoxo mira al Antiguo Testamento por medio de lentes de color; ve al Antiguo Testamento como reflejado e interpretado en el Talmud.

Corrió más tiempo, y los judíos se aferraron fuertemente a su religión a pesar de mucha persecución. El erudito principal de la edad media era Moses ben Maimon (conocido como Moses Maimonides), quien nació en España pero tuvo que huir a Egipto a causa de persecución. Vivió de 1135 a 1201 y escribió varios libros muy importantes. Uno era un comentario del Mishna, donde redujo ese libro a trece principios básicos. Otro libro de Maimonides era una condensación simplificada del Talmud. Todavía otro era su *Guía para los confundidos*, una defensa razonable de la fe judía basada en la filosofía de Aristóteles. En este libro Maimonides explica los milagros de manera racional, e interpreta a la creación del mundo de forma alegórica en vez de literalmente. Maimonides tuvo mucha influencia entre los judíos, aunque no faltaron los que se oponían a sus ideas nuevas.

Actualmente muchos judíos son seculares, sin religión; son judíos de raza, pero no de religión. Un porcentaje importante de la población de la República de Israel es secular. El movimiento sionista, que propuso devolver los judíos a Palestina, era un movimiento principalmente secular, político y nacionalista, y no una expresión de fe religiosa.

Los judíos religiosos están actualmente divididos en varias ramas o denominaciones. Los judíos ortodoxos se aferran estrictamente a los documentos históricos del judaísmo, especialmente el Talmud. Su esperanza de la salvación se basa en una obediencia cuidadosa, meticulosa, de todo precepto detallado de la Ley. Algunos esperan que venga un Mesías, quién haría que la nación sea libre y grande como antes, aunque muchos no esperan a un Mesías como persona, sino afirman que Israel es el Ungido del Señor, con una misión hacia el mundo. No tienen nada que ver con los sacrificios del Antiguo Testamento. Aun observan a la Pascua sin sacrificar el cordero. Su religión es esencialmente legalismo, moralismo, o autosalvación por medio de obras humanas.

Los llamados judíos reformados son muy parecidos a los protestantes "liberales" en sus actitudes y formas de culto. Los cultos que llevan a cabo en las sinagogas, se parecen mucho a los de una congregación protestante. Consideran que las leyes dietéticas son mas bien opcionales, y muchos judíos reformados no las guardan. El Talmud ya no tiene autoridad para ellos. No esperan a un Mesías como persona. No ven a la fe judía como un sistema rígido o cerrado, sino capaz de seguir desarrollándose según las condiciones. Muchos judíos reformados tienen una actitud "liberal" hacia el Antiguo Testamento, siguiendo los conceptos de la llamada "crítica alta" acerca de los autores y las fechas de varios libros. Por ejemplo, que Moisés escribió poco de los Libros de Moisés, que se escribió Deuteronomio durante el reino de Josías, y que los capítulos 40 a 66 de Isaías fueron escritos por el "segundo Isaías" durante el cautiverio en Babilonia.

Hay muchos otros aspectos importantes del mundo judío actual, pero la falta de espacio nos prohibe ocuparnos de ellos en este capítulo.

La lección más importante que el estudiante debe aprender de este capítulo es que *el judaísmo del siglo XX y la religión del Antiguo Testamento son dos clases muy diferentes de religión.* La diferencia es tan grande como la que hay entre el Saulo de Tarso antes de su conversión y el apóstol después. Es la diferencia entre una religión de obras y una de gracia, una religión de logros humanos y una de redención divina. He conocido a muchas personas de iglesias protestantes que creen que la fe judía de hoy es igual en todo detalle a la religión del Antiguo Testamento, faltando solamente fe en Jesús como el Mesías. Algunos se asombraron cuando les dije que muchos judíos religiosos de hoy no creen que el Mesías es una persona. Otros no se dan cuenta que se celebra la Pascua ahora sin su aspecto principal, el sacrificio del cordero.

Con esto seguramente se da cuenta de lo difícil que es ganar a un judío para Cristo. La tarea no es simplemente convencerle que Jesús es el Mesías esperado, es mucho más grande. Necesita convencerse de que el hombre está totalmente perdido en el pecado y no puede salvarse; de la necesidad desesperada que el pecador tiene de una salvación completamente gratuita. Y eso es difícil, porque el judío religioso es sumamente santurrón. Solamente el poder del Espíritu Santo puede llevar a un judío a Cristo en arrepentimiento y fe.

La historia de Israel es singular: tres veces establecida en Palestina como nación, y dos veces enviada al exilio.

1 Esta pregunta va más allá de la información contenido en este capítulo, pero, en base a lo que sabe del Antiguo Testamento y de la historia, dé un resumen de la situación religiosa de Israel en cada etapa:

▽ Formación como nación:

▽ Primer exilio:

▽ Primer retorno a Palestina:

▽ Segundo exilio:

∇ Segundo retorno:

2 Los dos grupos predominantes en la escena religiosa del judaísmo en la época del Nuevo Testamento eran los Fariesos y los Saduceos. Explique las diferencias esenciales entre ellos.

3 El Talmud tiene un lugar predominante en el judaismo actual. ¿Qué, en esencia, contiene?

4 A la luz de la información de este capítulo, se ve que podemos dividir a los judios actuales en tres grupos, según la naturaleza de su fe. Explique cómo son esos grupos.

5 ¿Cuál ha de ser el obstaculo más grande para un judío cuando se enfrenta con el evangelio de Jesucristo?

10

¿La religión o el Cristianismo?

Los capítulos uno a nueve han bosquejado la idea de religión: ideas naturalistas contra perspectivas bíblicas acerca del origen y desarrollo de la religión; cómo entender los elementos relativamente buenos que encontramos en los sistemas religiosos falsos; y cómo el programa misionero de la iglesia debe acercarse a las religiones no cristianas y sus seguidores. Luego describimos varias de las religiones históricas: Hinduismo, Budismo, Confucionismo, Sinto, Islam y Judaísmo. Intentamos criticar a cada una de estas religiones desde una perspectiva cristiana y bíblica. En este capítulo final deseamos hacer algunas observaciones generales acerca de la falsedad esencial de todas las religiones no cristianas, su incapacidad de resolver las necesidades verdaderas del hombre, y como el Cristianismo de la Biblia es realmente único.

Aunque todas las religiones no cristianas contienen algo de la verdad, o algunos aspectos que podemos llamar "buenos" en un sentido limitado y relativo, de todos modos, como *sistemas* son todos falsos, porque dan respuestas equivocadas a las preguntas grandes de la vida. Son preguntas tales como: 1) ¿Cómo es, realmente, Dios? 2) ¿Qué relación existe entre Dios y el universo? 3) ¿Cuál es la causa verdadera tras los problemas de la humanidad? 4) ¿Qué debe hacer el hombre para salvarse? 5) ¿Qué significa, realmente, la muerte, y 6) ¿Qué viene después de la muerte? Las religiones no cristianas dan respuestas falsas o ambiguas a tales preguntas. A pesar de tener elementos limitados de verdad y bondad, como sistemas son falsos y no pueden salvar a la humanidad del pecado y la miseria.

En particular, no hay una religión no cristiana que ve la situación del hombre y su necesidad tal como realmente es. No quieren reconocer que el hombre está muerto en el pecado. Solamente el Cristianismo bíblico ofrece el diagnóstico correcto de caso del ser humano: está desesperadamente atrapado por el pecado a causa de su rebelión moral e intelectual contra el Dios vivo. Como consecuencia, solamente el Cristianismo bíblico reconoce la necesidad del hombre de una salvación fundada en la gracia. Las otras religiones ofrecen consejos al hombre —a veces buenos, a veces no tan buenos— pero el Cristianismo trae *buenas noticias* al hombre, el Evangelio, el mensaje de que Jesucristo, el Hijo de Dios, ha logrado para el hombre lo que el hombre nunca podría hacer por sí mismo.

Cuando trabajé como misionero entre un pueblo semi-alfabeto de la China, utilicé un cartel grande dividido en varios cuadros. El primero mostró un hombre que había caído en un pozo. El pozo era hondo, y las paredes verticales, y los esfuerzos del hombre para salir eran frustrados. El segundo cuadro mostró un representante erudito del Confucionismo parado en el costado del pozo. Decía al pobre abajo, algo parecido a esto: "¿Por qué no cuidas dónde caminas? Un hombre cuidadoso no cae en pozos. En el futuro, ¡cuidado dónde caminas!" El resultado, por supuesto, es que el pobre hombre sigue en el pozo. En el próximo cuadro viene un sacerdote de Taoismo (Taoismo es una religión china llena de magia y creencias supersticiosas). Aconseja al hombre a quemar incienso y aplacar a los espíritus, pero no hace nada para sacarlo. El siguiente cuadro muestra un monje budista, diciendo algo como: "Pobre, el problema suyo es que quiere salir del pozo. Todo nuestro sufrimiento humano viene de los deseos. Queremos cosas que no podemos tener. Tiene que eliminar ese deseo malo y tendrá paz. Trata de tener una actitud desinteresada, para que no le importe si sale o no del pozo." Pero el Budismo no es una solución, y el cuadro siguiente muestra un cristiano arrodillado, extendiéndose para alcanzar al hombre y ayudarle a salir. El último cuadro muestra como el hombre rescatado está parado sobre una roca grande, cantando alabanzas a Dios quien le sacó del pozo horrible y le dio una nueva canción.

Solamente el Cristianismo bíblico reconoce la verdadera naturaleza del pozo en el cual el hombre ha caído. Solamente el Cristianismo bíblico reconoce la futilidad absoluta de todos los intentos humanos de alcanzar la salvación por esfuerzos, obras y logros. Solamente el Cristianismo bíblico contiene dentro de sí el poder del Espíritu Santo, por el cual el hombre nace de nuevo, se renueva su voluntad, cambia su carácter, y experimenta un cambio total de rumbo desde el pecado y egoísmo hacia la justificación y Dios. Y solamente el Cristianismo bíblico puede acercarse al hombre moderno —sea de Europa, América, Asia o Africa— con una confianza plena, afirmando "Así dice el Señor" para respaldar su mensaje.

Nada es más triste que el espectáculo de los de la teología liberal o modernista cuando tratan de hacer alguna obra misionera. Lo único que tienen para ofrecer a la gente de países no cristianas son buenos consejos. Su mensaje es esencialmente uno de moralejas, salvación por medio de la educación y la cultura humana. Pero no les faltan a los "paganos" los buenos consejos. Tienen bastantes cruditos y filósofos, tanto en el pasado como actualmente, tal como en el mundo de Pablo abundaban los mercantes de la sabiduría humana. El liberalismo o el Modernismo no tiene fe en el único mensaje que tiene poder para salvar, y como consecuencia no lo pueden proclamar: el mensaje de Jesucristo crucificado como el Cordero de Dios para quitar los pecados del mundo.

Espero que estos capítulos les ayuden a comprender la necesidad urgente del mundo para la única y verdadera religión: el Cristianismo de la Biblia.

1 Aunque todas las religiones pueden tener elementos de verdad, se ve que hay un tema que ninguna maneja adecuadamente. ¿Cuál es?

2 Es notable como algunas de las religiones (como el Islam) están extendiéndose en el mundo "occidental y cristiano". ¿Por qué serán aceptables en un ambiente y una cultura tan diferentes a los de sus orígenes?

3 Indique algunos de los conceptos diferentes que hemos encontrado entre las varias religiones en cuanto a:

∇ La naturaleza de Dios:

∇ La relación entre Dios y el universo:

∇ La causa de los problemas de la humanidad:

∇ ¿Qué debe hacer una persona para salvarse?

∇ ¿Qué viene después de la muerte?

4 Lo que nosotros tenemos que ofrecer al mundo no son "buenos consejos" sino "buenas noticias". ¿Cómo explica usted la diferencia entre los dos?

5 En base a todo lo que hemos visto en este libro, ¿cuáles son, para usted los requisitos indispensables para una persona que desea ser misionero entre personas de otras religiones?

www.ingramcontent.com/pod-product-compliance
Lightning Source LLC
Chambersburg PA
CBHW070554030426

42337CB00016B/2487